U0808564

应用型高等院校创新创业教育模式研究——基于互联网+

阴国富　花妮娜　著

科 学 出 版 社

北　京

内 容 简 介

本书结合应用型本科院校人才培养的内涵、目标和定位，辨析我国应用型本科院校大学生创新创业教育发展的必然性和紧迫性，分析当下应用型本科院校大学生创新创业教育存在的问题，确立该类院校进行创新创业教育遵循的基本原则，构建应用型院校“双创聚能环”教育模式，优化实施路径，并对众创空间、大学科技园等载体助推院校开展互联网+“双创”教育的方式方法提出了改进的策略和构想，以期对我国应用型本科院校大学生创新创业教育发展起到实质性的推动作用。

本书适合高等教育管理决策者和职能部门人员、高等学校管理人员、应用型院校创新创业教育工作者及高校众创空间工作者参考使用。

图书在版编目(CIP)数据

应用型高等院校创新创业教育模式研究：基于互联网+ / 阴国富，花妮娜著. —北京：科学出版社，2018.2

ISBN 978-7-03-055609-7

Ⅰ. ①应… Ⅱ. ①阴… ②花… Ⅲ. ①互联网络-应用-创造教育-教育模式-研究-高等学校 Ⅳ. ①G640-39

中国版本图书馆 CIP 数据核字（2017）第 290606 号

责任编辑：杨 丹 赵云杰 / 责任校对：郭瑞芝
责任印制：张 伟 / 封面设计：陈 敬

科学出版社出版
北京东黄城根北街 16 号
邮政编码：100717
http://www.sciencep.com

北京中石油彩色印刷有限责任公司 印刷
科学出版社发行 各地新华书店经销
*
2018 年 2 月第 一 版 开本：720×1000 B5
2019 年 2 月第三次印刷 印张：11 3/4
字数：240 000

定价：85.00 元

（如有印装质量问题，我社负责调换）

序　一

我国正在建设“创新型国家”，积极实践“大众创业、万众创新”。新时代的大学生是最具自主创新创业能力的社会群体，是创新型国家建设过程中最为积极活跃的因素，在高校开展“双创”活动，通过创新创业教育培养创新创业型人才，并以此作为提高国民经济的整体素质和国家竞争力的战略举措，对建设创新型国家有着积极而重要的作用。为了健康有序地开展“双创”活动，对高等院校进行创新创业教育研究十分必要。

应用型院校是我国高等教育机构的重要组成部分，这类院校创新创业教育工作的开展对我国深化高等教育教学改革、建设创新型国家意义深远。在大学生“双创”工作实践中，渭南师范学院阴国富教授的研究工作卓有成效，我十分关注。阴教授作为国家二级创业咨询师，长期致力于高校创新创业教育工作和应用型院校“双创”教育研究，其所撰写的《应用型高等院校创新创业教育模式研究——基于互联网+》一书，立足于应用型本科院校人才培养的内涵、目标和定位，探讨辨析我国应用型本科院校大学生创新创业教育开展的时代紧迫性和历史必然性，在充分调研的基础上明确指出此类院校“双创”教育存在的诸多问题和症结所在，系统性地阐述了该类院校开展“双创”教育应遵循的基本原则，探索提炼出了应用型院校“双创聚能环”教育模式和实施路径。同时还对众创空间、大学科技园等孵化器助推应用型院校开展“双创”教育的方式方法提出了建议和构想。

正值我国创新创业教育蓬勃开展之际，该书的出版非常及时。该书既是理论研究层面的有效探索，又是内容体系、课程设置等实际活动组织层面的具体体现，特别是其提出的应用型院校“双创聚能环”教育模式对我国应用型本科院校大学生创新创业教育发展有着重要的推动作用。

我特别予以推荐。

傅钢善

国家级教学名师、陕西师范大学教授

2017年10月10日

序

序　二

创新是社会进步的灵魂，创业是推进经济社会发展、改善民生的重要途径，创新和创业相连一体，共生共存。近年来，“大众创业、万众创新”蓬勃兴起，催生了众多的市场新生力量，促进了观念更新、制度创新和生产经营管理方式的深刻变革，有效提高了创新效率，缩短了创新路径，已成为稳定和扩大就业的重要支撑、推动新旧动能转换和结构转型升级的重要力量，正在成为我国经济行稳致远的活力之源。而深化高等学校创新创业教育改革，是国家实施创新驱动发展战略、促进经济提质增效升级的迫切需要，是推进高等教育综合改革、促进高校毕业生更高质量创业就业的重要举措。

阴国富教授撰写的《应用型高等院校创新创业教育模式研究——基于互联网+》一书恰逢其时，该书既是他多年从事创新创业教育研究的体会和系统性总结，又是对地方应用型院校，特别是我国西部地区院校创新创业教育活动所遇瓶颈问题破解的探索。

该书涉及的“双创聚能环”教育模式、“一个主体、两个核心”的体系架构等内容对于应用型院校优化创新创业教育体系，加快培养富有创新精神、勇于投身实践的人才队伍，提高对稳增长、促改革、调结构、惠民生的贡献度，为建设创新型国家、实现“两个一百年”奋斗目标和中华民族伟大复兴的中国梦提供强大的人才智力支撑有着重要作用。

云　峰

国家“千人计划”特聘专家、西安交通大学二级教授

2017年11月18日

前　言

深化高等学校创新创业教育改革，是国家实施创新驱动发展战略、促进经济提质增效升级的迫切需要，是推进高等教育综合改革、促进高校毕业生更高质量创业就业的重要举措。党的十八大对创新创业人才培养作出重要部署，国务院对加强创新创业教育提出明确要求。近年来，高校创新创业教育不断加强，取得了积极进展，对提高高等教育质量、促进学生全面发展、推动毕业生创业就业及服务国家现代化建设发挥了重要作用。

党的十九大对实施创新驱动发展战略提出了更高要求，把深化高校创新创业教育改革作为推进高等教育综合改革的突破口，树立先进的创新创业教育理念，面向全体、分类施教、结合专业、强化实践，促进学生全面发展，提升人力资本素质，努力造就大众创业、万众创新的生力军，增强国家综合国力，实现中国梦，是时代赋予我们的历史使命。

本书由渭南师范学院的阴国富和陕西铁路工程职业技术学院的花妮娜合作完成。本书从国内外高校创新创业教育研究发展，应用型院校创新创业教育研究价值取向，应用型院校创新创业教育遵循的基本原则、实施路径、体系构建，众创空间助推创新创业教育、大学科技园助推大学创新创业教育模式研究，以及一所西部应用型院校创新创业教育实例分析等七个方面展开研究、论述，尝试探索一种适合“一带一路”沿线地方应用型高校的创新创业教育模式，或能对该类院校开展“双创”教育起到参考作用。

在研究和撰写本书过程中得到了国家级教学名师、全国优秀教师、陕西师范大学“211 工程”重点建设项目教育技术学科首席专家傅钢善教授的悉心指导，也得到了欧洲科学院院士、国际欧亚科学院院士、中国科学院西安光学精密机械研究所副所长李学龙研究员的鼓励与帮助，还得到了国家“千人计划”特聘专家、西安交通大学博士生导师、二级教授云峰老师的指点与赐教，在此特别感谢。

本书受到了陕西省工业攻关项目（2017GY-204）、陕西省社科界 2017 年度重大理论与现实问题研究项目（2017Z026）、渭南市科技创新计划项目（2017JCYJ-2-2）和渭南师范学院教学改革研究项目（JG201721）的共同资助，同时还得到了渭南师范学院出版基金的资助，在此一并表示感谢。

作　者

2017 年 10 月

目　　录

第一章　创新创业与创新创业教育发展历程

第一节　基本概念

一、创新与创造

1. 创新

创新是一个外来词，其含义是引入新东西、新概念和制造新变化。其中“新”的含义包括时间意义上的新、地理意义上的新和知识产权意义上的新。知识产权意义的新，一般是指先于他人的重大突破或显著性变化。1912年，美籍奥地利经济学家约瑟夫·熊彼特出版的《经济发展理论》把创新概念引入经济学，他在这本书里首先提出了“创新理论”：创新是指把一种新的生产要素和生产条件的“新结合”引入生产体系。它包括五种情况：引入一种新产品，引入一种新的生产方法，开辟一个新的市场，获得原材料或半成品的一种新的供应来源，新的组织形式。约瑟夫·熊彼特（1990）的创新概念包含的范围很广，如涉及技术性变化的创新及非技术性变化的组织创新。

从1912年到现在已经100多年了，创新的概念也在不断发展，如今创新已经是一个涵盖范围十分广泛的概念，主要是指提出新理论、发明新技术、采用新方法、建立新制度、制定新政策、组建新组织、构成新机制、提供新产品、获得新原料、开辟新市场、组成新文化、创造新艺术等（李永山等，2016）。

学术界对“创新”至今尚未有一个统一的定义，但普遍认为其属于经济学的概念。在此，选择一个适用于更广泛意义上的“创新”含义，即创新是指能先于他人，为人类社会的文明与进步获得新发展、新突破，创造出有价值的、前所未有的物质产品或精神产品的活动。创新过程是创造性劳动的过程，没有创造性就谈不上创新。

创新的主体是国家机构、企业或个人；创新的内容是理论与观念创新、环境与文化创新、技术与艺术创新等；创新的主要表现是原创性的发明和发现，知识的创造型集成，新知识的传播和转化，体制和机制的创新，经济、管理与文化的创新等一切创新活动。

创新分类的参考指标很多，不同分类指标得出不同的分类，主要分类方式有以下几种：①根据创新的表现形式进行分类，如知识创新、技术创新、服务创新、制度创新、组织创新、管理创新等；②根据创新的领域进行分类，如教育创新、金融创新、工业创新、农业创新、国防创新、社会创新、文化创新等；③根据创新的行为主体进行分类，如政府创新、企业创新、团体创新、大学创新、科研机构创新、个人创新等；④根据创新的方式进行分类，如独立创新、合作创新等；⑤根据创新的意义大小进行分类，如渐进性创新、突破性创新、革命性创新等；⑥根据创新的效果进行分类，如有价值的创新、无价值的创新、负效应创新等；⑦根据创新的层次进行分类，如首创型创新、改进型创新、应用型创新。

2. 创造

"创，始之造也"。《辞海》上定义创造为首创前所未有的事物。《韦氏大词典》中对"创造"一词注解为"赋予存在之意"，"具有无中生有或首创的性质"。因此，"创造"，就是"首创""前所未有"，是指能先于他人，见人之所未见，思人之所未思，行人之所未行，从而获得新发现、新发明、新突破。

3. 创新和创造的区别与关系

创造强调的是"首创"，它在"首创"或"第一"问题上是绝对的。而创新则是相对的概念，"创新"要比"首创""前所未有"的"创造"更宽泛，它既包含了"前所未有"，也包含着对先前原有创造的"重新组合"和"再次发现"。因此，"创新"的概念包含着"创造"，但"创造"并不包含"创新"。

另外，创造既有促进社会发展的积极创造，也有阻碍社会发展的消极创造，如计算机的发展是积极创造，而电脑算命、计算机病毒则是消极创造；核科学和技术的发展是积极创造，而核武器的发展则是消极创造。但是，创新则不同，创新必须要能促进社会的发展。

通过以下案例来进一步说明创新和创造的区别和关系。

新经济时代的代表人物比尔·盖茨，其最初的BASIC语言并非自己发明的，当时微软公司的主流产品DOS也是从其他公司买来的，Windows是借用了施乐公司和苹果公司的技术，IE浏览器则来源于网景公司的创意，Office办公系统的多数组件出于微软收购的公司。微软公司的成功就在于敏锐地发现了别人的创造，然后通过"集成"，把别人的创造重新组合成为更为"精进"的产品。例如，Office办公系统就是由Word、Excel、Powerpoint等软件重新组合而成的。比尔·盖茨的创新是把别人的知识、思想、理论或产品引入到自己的经济实践中，创造出别人没有的产品。这种"重新组合"就是创新。

综上所述，创新与创造的概念，在一定意义是有本质区别的，但它们在解决问题时的思维方法是相同相通的。按照约瑟夫·熊彼特的观点：无论是科学发现还是技术发明等方面的创造，在它们没有转化为商品之前，只是一个新观念、新设想、新方案或新实验，它还不能创造任何经济价值。只有将创造转化为新装置、新产品、新的工艺系统才是创新，因为创新必须要产生经济、社会效益，所以创新是一个经济学范畴的概念。将创新与创造区别开来，被认为是约瑟夫·熊彼特的一大贡献。

4. 创新意识与创新精神

（1）创新精神。所谓创新精神，是指富有强烈创新意识的人在创新活动中，勇于冲破传统思想的束缚，勇于追求真理，勇于探索、开拓，勇于攀登科学高峰的革新进取精神。马克思曾经指出："人的价值蕴藏在人的才能之中，而才能的载体和杠杆则始终在于人的创造思维和创造精神。"回顾灿烂的中华文明史，从古代的四大发明到现代的杂交水稻、汉字照排技术等众多的杰出创造，都表现出中华民族伟大的创新精神和不竭的创新动力，为人类文明作出了伟大的贡献。

（2）创新意识。意识，是人脑对客观世界的反映。它包括人脑在客观事物的刺激下产生的思想、观点、感觉、动机和欲望。意识是行动的先导，人的意识支配人的行动。创新意识是一种敢为人先、不断进取、求新求异的心理状态；是人脑在不断运动变化中自觉产生的积极革故鼎新、改造客观事物现状的意愿和欲望。可以认为，创新意识就是解放思想、实事求是、与时俱进、敢闯难关、敢冒风险的意识；就是以创新的观念审时度势、以创新的勇气直面难题、以创新的精神策划未来的意识。

增强创新意识具有十分重要的意义，因为创新意识是进行创新活动的前提。事实证明，一切创新活动都是以创新意识为先导，整个创新就是在创新意识支配下实现创新目标的思维活动和实践活动。同时，创新意识本身就是一种动力，是创新活动的推进器。它统御、支配人的创新能力，对创新能力的培养和提高具有萌发性、强化性和支持性的作用。

一个人如果不了解什么是创新，不重视创新，对创新不感兴趣，或者认为自己没有必要也没有能力创新，那么他就缺乏创新意识，当然也不会投入到创新活动中去。只有当一个人认识到创新的重要性、必要性和紧迫性的时候，他的创新意识才能得到真正的加强。事实证明，创新不断改变着人们的生产、生活和思维方式，促进经济和社会的和谐发展。其实，只要想一想、看一看，人们的衣、食、住、行、用，不断随着科技创新而改善，就能深刻感受到创新与每一个人的命运都息息相关。

二、创业的含义

创业是创业者对自己拥有的资源或通过努力对能够拥有的资源进行优化整合，从而创造出更大经济或社会价值的过程。创业是一种劳动方式，是一种需要创业者运营、组织、运用服务、技术、器物作业的思考、推理和判断的行为。杰夫里·提蒙斯所著的创业教育领域的经典教科书《创业创造》（*New Venture Creation*）将创业定义为：一种思考、推理结合运气的行为方式，它为运气带来的机会所驱动，需要在方法上全盘考虑并拥有和谐的领导能力（杜永红等，2016）。

作为一种商业活动，创业是指一个人发现商机并付诸实际行动，使其转化为具体的社会形态，获得利益，实现价值的行为。科尔把创业定义为发起、维持和发展以利润为导向的企业的有目的性的行为。

1. 广义的创业

从广义的角度来说，所谓创业，一般是指运用自己掌握的知识、技能、资源和发现的信息、机会等，克服思维定式，以创新的思维和艰苦的努力，开辟新的工作途径，开创新的工作局面，争创新的工作业绩，促进事业取得突破性的成就，从而实现自己某种追求或目标的过程。

广义的创业也包括岗位创业。岗位创业是指在现有工作岗位上顺应时代发展和岗位目标要求，全面提高自身能力和素质，创造性地发挥自己的聪明才智，通过勤奋努力地工作，在事业上取得开创性的新发展，从而为岗位提供者创造尽可能多的价值。

创业，实质上是一种劳动方式，是一种为自己、为企业、为社会、为国家创造价值与贡献的行为。因此，从这个角度说，人生就是创业。

2. 狭义的创业

狭义的创业一般仅指自主创业，自主创业是指创业者个人或创业团队以资源所有者的身份，利用知识、能力和社会资本，通过自筹资金、技术入股、寻求合作等方式创立新的社会经济单元，并为社会上更多的人创造就业机会。自主创业的主体是投资者和资产所有者。自主创业需要创业者拥有关键资源或者具有整合资源的能力，因此比岗位创业更为复杂、艰难。

3. 大学生自主创业

大学生自主创业，是指一些有理想、有胆识的大学生，利用自己的知识、技术和才能，以自筹资金、技术入股、寻求合作等方式，为自己在社会上求生存、谋发展开辟新的途径，创立新的社会经济单元。他们不是现有岗位的竞争者、填充者，而是为自己、为社会更多的人创造就业机会，并直接为社会创造价值作出贡献的开拓者。

大学生自主创业，不仅要求大学生能结合专业特长，根据市场前景和社会需求创造出有竞争力的新技术、新产品和服务，而且要直接面向市场、面向社会，在为社会创造价值的同时，使自我价值得到充分体现。

4. 创业的本质

创业首先是一种创新，包括理念上的创新、技术上的创新和组织上的创新。同时，创业活动又是一种具有高度创造性的社会实践活动，即创业创造了新的企业、创造了新的技术和产品、创造了新的市场、创造了新的价值和经济效益、创造了新的就业岗位等。总之，创业是富有创新精神的创业者与机遇相结合并创造社会经济价值的活动。

5. 创业意识与创业精神

（1）创业意识。创业意识是指一个人根据社会和个体发展的需要所引发的创业动机、创业意向或创业愿望。它包括创业的需要、动机、兴趣、理想、信念、价值观和世界观等要素。

创业意识是人们从事创业活动的先导和出发点，是创业思维和创业行为的前提。同时，创业意识又是人们进行创业活动的能动性源泉，它构成了创业者强大的内在驱动力，支配着创业者对创业活动的态度和行为。

（2）创业精神。创业精神是由哲学层面的创业思想和创业观念、心理学层面的创业个性和创业意志、行为学层面的创业作风和创业品质三个层面所构成的整体。它是由多种精神特质如创新精神、拼搏精神、进取精神、合作精神等的综合作用而形成的。

一般认为，创业精神的特征主要表现为自信执着、主动坚强、包容柔韧、激情创新、稳健应变等五个方面。大学生应当加深理解创业精神的内涵，掌握自己学习和拥有创业精神的途径，明确创业精神的本质就渗透在日常生活的点点滴滴中，进而从现在做起，从小事做起，这样就能逐步把自己培养成一个拥有创新意识和创业精神的人。

三、创意和创意产业

1. 创意

创意是创造意识或创新意识的简称，亦作“剏意”。它是指对现实存在事物的理解及认知所衍生出的一种新的抽象思维和行为潜能。汉王充《论衡·超奇》：“孔子得史记以作《春秋》，及其立义创意，褒贬赏诛，不复因史记者，眇思自出于胸中也。”宋程大昌《演繁露·纳粟拜爵》：“秦始皇四年，令民纳粟千石，拜爵一级，按此即鼂错之所祖效，非错刱意也。”王国维《人间词话》：“美成深远之致不及欧秦，唯言情体物，穷极工巧，故不失为第一流之作者。但恨创调之才多，创意之才少耳。”郭沫若《鼎》：“文学家在自己的作品的创意和风格上，应该充分地表现出自己的个性。”

创意是一种通过创新思维意识，从而进一步挖掘和激活资源组合方式进而提升资源价值的方法。创意的属性有两个：第一个是新颖性，第二个是初始性。凡是创立的东西都是新颖的，都是突破前人的，否则就不能称之为“创”了。创意创立的不是一个新行动，更不是一个新结果，而只是一个新主意，这个新主意带有明显的初始性，有了它才有后来的新行动和新结果。创意是新颖性与初始性的统一，缺少一个属性就不是创意。提出一个不新颖的主意不是创意，采取新行动、争取新结果也不是创意。创意只是一种思维活动，它虽然不是实践活动，但却引起并指导实践活动。

创意并不等同于创新，但是一个好的创意，可以引导出创新的结果。创意是创新的开始，创新始于创意。工具、机器、产品、作品、体制、机制等一切创新都始于创意，有了创意才有以后的行动。创新=创意+行动。富有创意就富有创新，缺乏创意就缺乏创新，创意度与创新度成正比，轻视创意就等于放弃创新。科技创新始于科技创意，全面创新始于全面创意。要建设创新型国家就应该首先建设创意型国家，要培养创新型企业就应该首先培养创意型企业，要鼓励创新就应该首先鼓励创意。

2. 创意产业

创意产业，又叫创造性产业，指那些从个人的创造力、技能和天分中获取发展动力的企业，以及那些通过对知识产权的开发可创造潜在财富和就业机会的活动。它是运用创造性智慧进行研究、开发、生产、交易的各种行业和环节的总和。目前人们在使用创意产业这一概念时，基本上将其等同于文化产业。

发达国家创意产业可以定义为具有自主知识产权的创意性内容密集型产业，它有以下三方面含义。

（1）创意产业来自创造力和智力财产，因此又称作智力财产产业。

（2）创意产业来自技术、经济和文化的交融，因此创意产业又称为内容密集型产业。

（3）创意产业为创意人群发展创造力提供了根本的文化环境，因此又往往与文化产业概念交互使用。

创意产业门类多，它通常包括广告、建筑艺术、艺术和古董市场、手工艺品、时尚设计、电影与录像、交互式互动软件、音乐、表演艺术、出版业、电视、广播、旅游、博物馆、美术馆、遗产和体育等。

第二节　创新型国家与自主创新

创造（creation）、创新（innovation）和创业（enterprise）是一组既有联系又有区别的概念。创造是一个从无到有的过程，强调原创性，能够孕育前所未有的东西；创新主要是对现有事物的更新和改造的过程，是“革故鼎新”“推陈出新”，强调产生经济效益、社会效益；而创业则是开创某种事业的活动，使创造与创新的成果实现产业化、商品化，从而造福社会、造福人民。

21 世纪是一个以创造、创新、创业为特征的世纪。创造、创新、创业是推动人类社会发展和进步的永恒动力。一个民族的真正伟大，应根植于它的创造精神、创新精神和创业精神之中。“青年是民族的希望、国家的未来，青年学生是国家的宝贵人才资源。”因此，高等教育应以大学生的创新创业教育为根本，以培养具有创造、创新、创业精神和能力的人才为己任。

一、创新型国家的内涵

第二次世界大战以后，许多国家在各自不同的起点上探索实现工业化、现代化的发展道路。中东一些储油丰富的国家，还有矿藏比较丰富的澳大利亚，主要依靠自然资源来获取财富，称之为“资源型”国家；拉美一些国家主要依靠发达国家的资本、市场和技术来发展工业化，称为“依附型”国家；而美国、日本等一些发达国家，则把科技创新作为基本发展战略，大幅度提高科技创新能力，从而形成了日益强大的竞争优势，国际学术界把这一类国家称为“创新型”国家。目前，世界上公认的创新型国家有 20 个左右，包括美国、日本、德国、法国、英国、丹麦、芬兰、瑞典、韩国、新加坡等。

创新型国家是指那些将科技创新作为基本战略，大幅度提高科技创新能力，形成日益强大竞争优势的国家。创新型国家是以技术创新为经济社会发展核心驱动力的国家。主要表现为整个社会对创新活动的投入较高，重要产业的国际技术竞争力较强，投入产出的绩效较高，科技进步和技术创新在产业发展和国家的财富增长中起重要作用。创新型国家的基本特征包括以下几方面。

（1）创新综合指数（这是衡量创新能力的一个综合性的统计数据）明显高于其他国家。

创新综合指数是用来综合评价创新能力的指标体系，一般包括投入指标和产出指标两大类，在这两类指标体系中，最为重要的有：①全社会研发投入占国内生产总值（GDP）的比例；②研发人员数量；③对外技术依存度；④国际科学论文被引用数；⑤本国人专利年度授权量等。

（2）科技进步对经济社会发展的贡献率高，通常在70%以上。

（3）创新投入高。研发投入一般占GDP的比例在2%以上。

（4）自主创新能力强。国家对外技术依存度指标一般低于30%。

（5）创新产出高。目前公认的约20个创新型国家所拥有的发明专利（美国、欧洲和日本授权的“三方”专利）数占世界专利总数的98%以上。

二、建设创新型国家的重大意义

1. 我国面临着严峻的全球化挑战

（1）当今世界各发达国家为了不断增强竞争优势，把发展科学技术确立为国家的基本战略。

众所周知，长期以来，美国一直特别重视发展对国家经济社会和安全有战略意义的高技术，特别重视发展能掌握科技竞争主动权的基础科学研究和原始性创新，美国人口为世界人口5%左右，但拥有全球近1/3的科学家和工程师，研发经费约占全球的1/3。当今世界，衡量一个国家高技术水平高低的标准或标志，举世公认，是获得诺贝尔三项自然科学奖的多少。诺贝尔奖从1901年开始颁奖至2017年的100多年，获奖的科学家共876人，其中356人是美国籍，约占40.6%。早在20世纪80年代美国就提出了“星球大战计划”，2006年又提出了“美国竞争力计划”，其目标就是要保持美国占领科技、经济竞争的制高点和在科学知识前沿的领先地位。

欧盟各成员国，几乎都在制定或修订技术创新政策，重视从战略上构建相关机制以提高国际竞争力。

（2）一些发达国家中的小国如芬兰、爱尔兰、瑞典、荷兰，以色列等，竞相增强科技实力而后来者居上。

以以色列为例做一介绍。当时以色列是一个发达小国，但是创造了高科技的奇迹。以色列成立于1948年，当时国土面积只有约2.5万平方千米，比我国海南省还小。资源贫乏，自然环境很差，地理位置又处在人口是它30倍、面积是它500倍的一群阿拉伯国家包围之中。由于民族、宗教信仰等方面的矛盾冲突，战争频频发生。以色列怎样生存，怎样发展？50多年来，以色列一直高度重视科学技术，致力于发展教育、培养人才，提高全民科学素质，为国家经济发展注入了巨大活力。并且以色列的军民结合得比较好，军队不仅创造了高技术，更重要的是培养了人才和创新能力，因此他们认为军队是高科技的孵化器。就是这样，它不仅没有被消灭，反而是越战越强，越战越富。因此，有人称以色列为“超级小国”。

（3）一些发展中国家如印度、巴西等，也纷纷加快步伐，走科技创新推动经济发展的道路。

（4）世界各国，在发展面前，正展开着一场创新的竞赛。

当今综合国力的竞争，说到底是科技实力的竞争。进入 21 世纪，全球经济和科技竞争更加激烈，世界银行按人均财富计算，十大富国都是创新型的国家，但并非资源最富集。而十个最贫穷的国家却拥有全球 1/3～1/2 的自然资源。富裕国家 80%的财富来自非自然资源，发达国家占全球研发投入的 86%，90%以上的发明专利掌握在发达国家手里。发达国家形成了对世界市场特别是高技术市场的高度垄断，牢牢把持着国际分工的高端，从中获取超额利润。

如果说过去老牌资本主义国家是用暴力掠夺殖民地资源，那么今天发达国家更多的是利用技术手段控制国际资源及其流向。严峻的竞争势态使得提高科技竞争力的需求从来没有像现在这样强烈。为了在竞争中赢得主动，依靠科技创新提升国家的综合国力和核心竞争力，建立国家创新体系，走创新型国家之路，已成为世界许多国家政府的共同选择。

2. 建设创新型国家是我国的重大战略决策

（1）十余年坚持不懈的选择。2006 年 1 月 9 日召开的全国科学技术大会是一次具有里程碑意义的重要会议。党中央、国务院从全面建设小康社会、开创中国特色社会主义事业新局面的全局出发，科学分析我国基本国情，全面判断我国战略需求，把推进自主创新、建设创新型国家作为落实科学发展观的一项重大战略决策。作出了走中国特色自主创新道路，建设创新型国家的重大战略决策，是新世纪我们党和国家面向世界的宣言书，是号召全党、全民行动起来，为建设创新型国家而努力奋斗的动员令。

我国建设创新型国家的总体目标是：到 2020 年，使我国的自主创新能力显著增强，科技促进经济社会发展和保障国家安全的能力显著增强，基础科学和前沿技术研究综合实力显著增强，取得一批在世界上具有重大影响的科学技术成果，进入创新型国家行列，为全面建设小康社会提供强有力的支撑。到 2020 年建成创新型国家，使科技发展成为经济社会发展的有力支撑。中国科技创新的基本指标是，到 2020 年，经济增长的科技进步贡献率要从 39%提高到 60%以上，全社会的研发投入占 GDP 比例要从 1.35%提高到 2.5%。

党中央、国务院作出的建设创新型国家的决策，是事关社会主义现代化建设全局的重大战略决策。建设创新型国家，核心就是把增强自主创新能力作为发展科学技术的战略基点，走出中国特色自主创新道路，推动科学技术的跨越式发展；就是把增强自主创新能力作为调整产业结构、转变增长方式的中心环节，建设资源节约型、环境友好型社会，推动国民经济又快又好发展；就是把增强自主创新能力作为国家战略，贯穿到现代化建设各个方面，激发全民族创新精神，培养高水平创新人才，形成有利于自主创新的体制机制，大力推进理论创新、制度创新、科技创新，不断巩固和发展中国特色社会主义伟大事业。

2012年召开的党的十八大明确提出："科技创新是提高社会生产力和综合国力的战略支撑，必须摆在国家发展全局的核心位置。"强调要坚持走中国特色自主创新道路、实施创新驱动发展战略。这是我们党放眼世界、立足全局、面向未来作出的重大决策。

（2）建设创新型国家意义深远。实施创新驱动发展战略，对我国形成国际竞争新优势、增强发展的长期动力具有战略意义。改革开放以来，我国经济快速发展主要源于发挥了劳动力和资源环境的低成本优势。进入发展新阶段，我国在国际上的低成本优势逐渐消失。与低成本优势相比，技术创新具有不易模仿、附加值高等突出特点，由此建立的创新优势持续时间长、竞争力强。实施创新驱动发展战略，加快实现由低成本优势向创新优势的转换，可以为我国持续发展提供强大动力。

实施创新驱动发展战略，对提高我国经济增长的质量和效益、加快转变经济发展方式具有现实意义。科技创新具有乘数效应，不仅可以直接转化为现实生产力，而且可以通过科技的渗透作用放大各生产要素的生产力，提高社会整体生产力水平。实施创新驱动发展战略，可以全面提升我国经济增长的质量和效益，有力推动经济发展方式转变。

实施创新驱动发展战略，对降低资源能源消耗、改善生态环境、建设美丽中国具有长远意义。实施创新驱动发展战略，加快产业技术创新，用高新技术和先进适用技术改造提升传统产业，既可以降低消耗、减少污染，改变过度消耗资源、污染环境的发展模式，又可以提升产业竞争力。

实施创新驱动发展战略，将科技创新摆在国家发展全局的核心位置，实现到2020年进入创新型国家行列的目标，必须充分认识实施创新驱动发展战略的重大意义，抓住重点，形成合力。

党的十八大以来，党中央把创新作为引领发展的第一动力，坚持实施创新驱动发展战略，取得的辉煌成就举世瞩目："墨子"升空、"蛟龙"下海、"天宫"遨游、"天眼"张开、高铁飞驰……从基础研究到技术研发，从重大工程到前沿科技，我国的创新实力实现了整体跃升，形成了跟跑和并跑并存、一些领域领跑的新格局，创新型国家建设成果丰硕。

三、自主创新

所谓自主创新，是指创新主体——我国的企事业单位和公民个人自主进行的创新实践活动。其成果一般体现为新的科学发现和拥有自主知识产权的技术发明、产品与品牌等。

现在所说的自主创新，其含义主要包括三个方面的创新，就是从增强国家创新能力出发，加强原始创新、集成创新和引进消化吸收再创新。

1. 原始创新

原始创新是指重大科学发现、技术发明、原理性主导技术等原始性的创新活动。主要集中在基础科学和前沿技术领域，这是为未来发展奠定坚实基础的创新。其成果通常具有三大特征：一是首创性，前所未有、与众不同；二是突破性，在原理、技术、方法等某个或多个方面实现重大变革；三是带动性，在对科技自身发展产生重大牵引作用的同时，对经济结构和产业形态带来重大变革，在微观层面上将引发企业竞争态势的变化，在宏观层面上则可能导致社会财富的重新分配、竞争格局的重新形成。

中华人民共和国成立近 70 年来，我国科学技术已经取得了一系列重大的成就，奠定了萌发重大科学发现和技术发明的基础，攻克了一批关系国家安全、国民经济和社会发展的重大技术。例如，“长征”系列运载火箭、“神舟”系列宇宙飞船、“天宫”、“蛟龙”、“天眼”、“悟空”、“墨子”、大飞机等重大科技成果标志着我国在一些关键领域创新能力的重大突破，超级稻育种技术继续保持世界领先，抗艾滋病新药西夫韦肽等生物技术药物研制取得重要进展。近年来在最活跃的生物、纳米等前沿科学领域，我国科学家发表的论文数量增长尤为迅速。最近几年我国的原始创新不断取得新成果，原始创新仍然是国家科学技术奖的最大亮点。

2. 集成创新

这是一个全新的概念，它不是多种技术的简单叠加和“捆绑”，而是将不同的知识和各种相关技术统一起来综合应用，进行系统集成和有机融合。目的就是要博采众长为我所用，把多种新技术优化组合，使其发挥出 1+1＞2 的能量。现代科学发展规律表明，重大科技创新往往产生于交叉领域，跨学科不同技术的集成已经成为科学技术向前发展的重要形式。

集成创新能力是一个国家创新能力的重要标志，它可以创造出新的产品、形成新的产业和形成一些系统工程。例如，“神舟十一号”飞船，是中国于 2016 年 10 月 17 日 7 时 30 分在酒泉卫星发射中心，由“长征二号”FY11 运载火箭发射的载人飞船，其发射目的是更好地掌握空间交会对接技术，开展地球观测和空间地球系统科学、空间应用新技术、空间技术和航天医学等领域的应用和试验。“神舟十一号”飞船项目就是一个由多项技术集成起来的系统工程，它包含了能源技术、动力技术、材料技术、生命保障技术、各种精密制造技术等多方面技术领域，归根结底，它是一个由多种相关技术有机融合的集成系统，通过各行各业进行跨学科、跨行业的合作才获得圆满成功。

3. 引进消化吸收再创新

在消化吸收现有先进技术基础上的创新，并加以改造升级，实现技术上的新突破，做到“洋为中用”，从而形成我国自有的技术和产品。这是改造提升我国传统产业、加快我国科技升级和经济发展的一条非常重要的正确途径，也是我国自主创新非常重要的一项内容。

坚持自主创新绝不是排斥技术引进、关起门来搞创新，没有必要也不可能事事从头来、样样自己干，进行不必要的重复劳动。提出加强引进技术消化吸收再创新，反映了我国向世界一切优秀文明成果学习的视野和胸襟。

例如，我国的三峡工程，引进的是 30 万千瓦水轮发电机组，通过对其设计制造技术的消化吸收，取得了较好的效果。在此基础上我国便着手研制 70 万千瓦水轮发电机组，但遇到了诸如振动等若干新的技术难题，外国企业和专家也无法解决。后来，我国技术人员通过自主创新，历经 5 年，终于攻克了一个又一个技术难关，使我国在特大型水力发电设备设计制造方面一举缩短了与国外 30 多年的技术差距，带动国内机电装备制造水平实现了跨越式发展。如今，我国特大型水轮发电机组已进入自主设计、制造、安装的时代。

2008 年 8 月 1 日全面建成通车的京津高速铁路，引进的是时速 250 千米的高铁，经过消化吸收再创新，建成的是达到世界领先水平的时速为 350 千米的高铁。并且高速列车车宽由 2.9 米增加到 3.3 米，车体的断面面积由 8.4 平方米扩大到 11.6 平方米。同样是一个八节车厢的高速列车，欧洲只能载客 400 人，我国消化改良后可以安全载客 600 人，而且旅客在里面感觉到很舒适。这些变化蕴含了很多创新：①列车运行所受到的空气阻力与列车速度的平方成正比，运行阻力将增大很多，而车体与空气摩擦产生的振动和噪声与运行速度是 6 次方和 8 次方的关系，因此，列车提速到 350 千米/小时以后，首先要解决空气动力学方面的优化设计。②车速 350 千米/小时，车轮是以 100 米/秒的速度在钢轨上跑，“受电弓”同样也是以 100 米/秒的速度在一根悬空的电线上滑行取电，因此必须解决好轮轨关系和弓网关系中的技术问题。③车速要达到 350 千米/小时，必须要有足够的动力，并且要在规定的距离把它停下来，特别是在雨、雪、雾等恶劣天气条件下和某些意外干扰情况下，如何确保列车的安全，等等。这一系列的科技问题都是自主创新去解决的，我国仅用了 5 年就走完了发达国家 30 年所走的路程。如今，我国已经利用超导磁悬浮技术和真空管道着手研制飞行列车，最高时速可达 4000 千米。

实践证明，只要认识一致，组织协调有力，有政策支持，引进技术的消化吸收和再创新工作是完全可以搞好的。

创新是社会进步的灵魂，创业是推进经济社会发展、改善民生的重要途径，创新和创业相连一体、共生共存。近年来，大众创业、万众创新蓬勃兴起，催生了数量众多的市场新生力量，促进了观念更新、制度创新和生产经营管理方式的深刻变革，有效提高了创新效率、缩短了创新路径，已成为稳定和扩大就业的重要支撑、推动新旧动能转换和结构转型升级的重要力量，正在成为中国经济行稳致远的活力之源。为进一步系统性优化创新创业生态环境，强化政策供给，突破发展瓶颈，充分释放全社会创新创业潜能，在更大范围、更高层次、更深程度上推进大众创业、万众创新，2017 年 7 月，国务院印发《国务院关于强化实施创新驱动发展战略进一步推进大众创业万众创新深入发展的意见》（以下简称《意见》）。

《意见》明确，大众创业、万众创新深入发展是实施创新驱动发展战略的重要载体，要进一步拓展创新创业的覆盖广度，着力推动创新创业群体更加多元化，发挥大企业、科研院所和高等院校的领军作用，有效促进各类市场主体融通发展；进一步提升创新创业的科技内涵，着力激发专业技术人才、高技能人才等的创造潜能，强化基础研究和应用技术研究的有机衔接，加速科技成果向现实生产力转化，有效促进创新型创业蓬勃发展。要坚持创新为本、高端引领，改革先行、精准施策，人才优先、主体联动，市场主导、资源聚合，价值创造、共享发展。

《意见》强调，各地区、各部门要进一步细化政策措施，切实履职尽责，密切配合，勇于探索，主动作为，及时总结经验，加强监督检查，确保各项政策落到实处，推进大众创业、万众创新深入发展，为全面实施创新驱动发展战略、培育壮大新动能、改造提升传统动能和促进我国经济保持中高速增长、迈向中高端水平提供强劲支撑。

第三节　创新创业教育

一、创新教育

教育的使命在于传承文化，也在于创新和创造。“创新教育作为一种新的教育活动，是一种发展性教育，是持续不断的教育革新，是教育不断提高自己，不断完善自己，向着更高一级不断迈进的趋势。”创新教育在培养目标方面，与传统教育存在明显区别，大部分学者认为：“创新教育是指利用遗传与环境的积极影响，发挥教育的主导作用，充分调动学生认识与实践的主观能动性，注重学生的主体创新意识、创新精神、创新技能的唤醒和开发培育，形成创新人格，以适应未来社会需要和满足学生主体充分发展的教育。”目前，关于创新教育的定义有很多，本书将创新教育的概念定义为创新意识的培养、创新思维的培养、创新能力的培养、创新情感和人格的培养。创新教育的终极目标是培育创新型人才；价值取向是培育创新精神和创新能力，造就既有创新精神，又有创新能力的人才。

二、创业教育

就创业教育而言，有些学者注重在能力培养上进行阐释，认为创业教育是对受教育者创业能力的培养，张涛（2007）在《创业教育》这本书中，将创业教育定义为是培养人的创业意识、创业思维、创业技能等各种创业综合素质，并最终使受教育者具有一定的创业能力的教育。黄兆信等（2013）认为在高等教育领域，创业教育是提供学生具备认知创业机会能力的一种教育过程，使其具备创业行动所需的观察力、知识和技能，它是培养人的创业意识、创业思维和创业能力等各项创业综合素质，最终使被教育者具有一定的创业能力的教育。这种教育一是要培养大学生对创业的基本认知，这种认知本身就是一种知识结构，可以作为大学生知识体系的一部分；二是，创业不仅仅是一种商业行为，作为思维、推理和行动的独特模式，创业需要想象力、洞察力及创造性整合资源的能力。笔者在此将创业教育定义为培养具有开创性的个人，重视受教育者的首创冒险精神、创业能力、独立工作能力及技术、社交和管理技能的培养。

三、创新教育与创业教育

创新教育与创业教育相辅相成、不可分割。如将创新与创业相比，创新为“里”，创业为“表”，创新比创业更根本。创新教育更重视对受教育者全面发展的全局掌控，创业教育更重视的是受教育者自我价值的如何实现；两者相互制约又相互推进，具有紧密相连的辩证统一关系（杨伟伟，2016）。创业作为一种实践活动具有创新性，是一种能动的自主行为，因此是否具有创新性是一项创业活动的基础。创新教育重视对受教育者综合素质的培养，以受教育者创新能力的提升为宗旨。但创新教育的价值、创新成果的转化和商品化则要以创业为载体，通过创业来实现。

本书中，创新教育和创业教育在本质上是一致的，功能是相通的，二者具有相互依存的关系。创新教育着重关注受教育者的全面发展，以解决受教育者如何成才的问题。创业教育着重关注受教育者自我价值如何体现，解决的是成家立业的问题。创新教育的最终归宿为创业教育，创业教育的本质和核心是创新教育。

创新教育与创业教育既相互独立又相互交叉，具有高度的辩证统一关系，二者在广义上具有高度的一致性，紧密相连。

第四节　国内外创新创业教育发展状况

一、国外创新创业教育发展状况

1. 国际会议高度重视创新创业教育

创新创业教育已成为全球高等教育的一种发展趋势。1988 年，科林-博尔在向经济合作与发展组织（Organization for Economic Co-operation and Development，OECD）提交的《学会关心：21 世纪的教育圆桌会议报告》中首次提出创业教育的概念。1989 年，联合国教育、科学及文化组织（简称“联合国教科文组织”）在北京召开的“面向 21 世纪教育发展趋势国际研讨会”中提出了一个全新的概念“创业教育”（Enterprepreneurship Education），创业能力的培养日益受到重视。1998 年，联合国教科文组织在首次世界高等教育会议上，发表了《21 世纪的高等教育：展望与行动世界宣言》和《高等教育改革和发展的优先行动框架》。两个文件同时强调，要把培养学生的创业技能和创业精神作为高等教育的基本目标之一。1999 年 6 月，在德国斯图加特召开了主题为“企业家独立性——欧洲教育的一个目标”欧洲大会，再次强调加强创业教育。2005 年，经济合作与发展组织在意大利召开“培养创业精神：高等教育的作用”国际会议，着重探讨了各国如何更好地发展创业教育和促进中小企业创新等。由以上分析可见，国外主要是对创业教育的分析和研究，没有将创业教育和创新联系起来，不代表他们不重视创新。实质上他们已经认识到创新是创业中必不可少的内容，创新已经融入创业之中。

2. 世界各国积极推进创新创业教育

进入 21 世纪以来，各国的创新创业教育呈现出百花齐放的局面。在美国，有近 2000 个院校、2600 门课程、200 个基金项目致力于创新创业教育的研究。2013 年，在美国发布的《创新与创业型大学：聚焦高等教育创新和创业》中，将促进学生创新和创业、鼓励教师创新和创业、支持大学专利及科技成果转化、促进校企合作和参与区域与地方经济发展作为大学创新创业中的五大核心领域。1984 年，英国成立了国家创新创业教育中心，并逐渐成为官方化的全国组织。截至 2015 年底，英国政府新组建的英国商务、创新和技能部制定了国家科技战略，并计划投资 61 亿英镑用于支持创新创业，追求建立以知识产权为基础的世界领先的技术水平。日本也逐年增加对创新创业相关政策的颁布，并于 2015 年将用于海外派遣创业人才和校内开展创业活动的预算增加了约 50 亿日元。德国联邦教研部选出哈根、耶拿、斯图加特等 5 个地区实施了“EXIST”区域创业计划，全面支持这些地区的学校与政府、企业建立完善的产学研关系链，提高创业质量。

伴随着知识经济和“互联网+”时代的到来，世界各国对创新创业教育更加重视并纷纷付诸实际行动，通过召开相关国际会议及颁布条例来推动创新创业教育的开展，以满足各国对创新型人才的需求。

二、我国创新创业教育开展情况

提高自主创新能力，建设创新型国家，这是国家发展战略的核心，是提高综合国力的关键。党的十八大报告正式提出实施创新驱动发展战略：加快建设国家创新体系，着力构建以企业为主体、市场为导向、产学研相结合的技术创新体系。在此背景下，着力培养大学生的创新精神、创新思维、创新能力已刻不容缓，而这正是我国高等教育当前的一项重要使命。

全面实行“创新创业教育”是建设创新型国家的前提。我国目前实行的是不完全的“智力教育”，未能全面鼓励学生想象和发散思维，实质上更偏重于“记忆力教育”，其特征是死记硬背、以相对单一的学习分数的高低来评价学生的优劣、学用脱节、脑手脱节，培养出来的学生多为高分低能、解决问题的能力差、缺乏探究精神、难以适应社会生存的“读书人”。这种“记忆力教育”模式，与建设“创新型国家”所需的教育模式是背道而驰的。“创新型国家”所需要的教育模式的特征应该是：活学活用、以学分+技能+思维技巧+解决问题的能力等综合因素评价学生的优劣、推行以用为主的学用结合、脑与手与身与五官的综合结合、鼓励发散思维及冒险精神、重点培养学生独立思考和独立解决问题的综合能力、主张学生的个性张扬、强调良好的道德品质教育等。在这种教育模式培养下，学生大多具有强烈的创新意识和能力，他们敢想敢干、思维敏锐、团结合作、社会生存能力强、能独立应付和解决许多新问题。这就是“创新型国家”所需要的实用创新型人才，这种培养创新型国家所需人才的教育模式就是“创新创业教育”模式。

2010 年，教育部颁布的《关于大力推进高等学校创新创业教育和大学生自主创业工作的意见》积极鼓励高校学生自主创业。2015 年，政府工作报告提出，要把“大众创业、万众创新”打造成推动中国经济继续前行的“双引擎”之一。

2015 年 3 月，国务院办公厅发布了《关于发展众创空间推进大众创新创业的指导意见》，提出以营造良好的创新创业生态环境为目标，以激发全社会的创新创业活力为主线，以构建众创空间等创业服务平台为载体，加快形成“大众创业、万众创新”的生动局面。

为贯彻落实国家实施创新驱动发展战略，促进经济提质增效升级，推进高等教育综合改革，促进高校毕业生更高质量创业就业，2015 年 5 月，国务院印发《国务院办公厅关于深化高等学校创新创业教育改革的实施意见》，提出把深化高校创新创业教育改革作为突破口，把解决高校创新创业教育存在的突出问题作为着力点，把完善高校创新创业教育体制机制作为支撑点，全面深化高校创新创业教育改革，建立健全课堂教学、自主学习、结合实践、指导帮扶、文化引领融为一体的高校创新创业教育体系，构建科学先进、广泛认同、具有中国特色的创新创业教育理念，形成一批可复制可推广的制度成果，使人才培养质量显著提升，学生的创新精神、创业意识和创新创业能力明显增强，投身创业实践的学生显著增加。

2015 年 9 月，国务院又发布了《国务院关于加快构建大众创业万众创新支撑平台的指导意见》，在“众创、众包、众扶、众筹”四个方面全面推进支撑平台的快速发展。近年来，国家出台 10 多份文件促进创新创业教育，这些文件正转化为具体的政策措施，对推动我国高校的创新创业教育发挥了很大的促进作用。

创新创业教育以提高人的创新创业素质为宗旨，是政府、高校和全社会非常重视的战略问题，它关系到国计民生和中国社会的可持续发展，是服务于创新驱动发展战略的重大举措。伴随着我国政府的大力推行和政策文件的发布，创新创业教育在我国高校如火如荼地开展起来。大学生是创新创业的生力军，是一群最具创造力的群体，在“双创”时代，大学生发挥着巨大的作用。因此，如何总结创新创业过程中的经验，形成一批可复制、可推广的制度成果，进一步深化创新创业教育就显得十分必要。

创新创业教育是全面深化高等教育改革的应有之义。当今，移动互联网已经成为时代发展的引擎。大型开放式网络课程（MOOC）、在线课程、反转教育等新的学习方式的出现，引领人们学习方式的变革。在这样一个时代，高校面临着如何更新教育理念、改革人才培养模式、创新教育教学方式的问题。而创新创业教育正是以其全新的教育理念、教育内容、教育方式为高等教育的深化改革带来新鲜的空气和输入新鲜的血液。创新创业教育的转型发展，有助于推动高校教育的整体变革，促进引导学生逐步向“发展的人”转变，全面提高人才培养质量；也有助于推动高校从科层化、制度化的教育机构转为扁平化、多元化的学习型组织。

近年来，我国高校创新创业教育的开展虽然取得了很大成绩，但是在发展过程中，仍然存在一些问题：或忽略创新创业教育与专业教育的结合，片面重视覆盖面；或关注少数学生创办企业的教育，忽视大多数学生创新意识的培养；或只关注在校大学生，却忽略了对毕业生创业的教育和咨询服务；等等。探索研究创新创业教育就是要解决现存的创新创业教育中存在的目标不清、方向不明确及教育的方式、路径、理念存在偏差的问题，并推动高校创新创业教育转型，向更高层次发展。我国创新创业教育起步较晚，仍存在诸多不完善之处，无论在实践体系还是理论发展方面均不成熟，这将直接关系到我国人才创新创业能力的培养。加之目前我国存在大学生创新创业成功率低的现象，更需要对创新创业教育做进一步研究。创新创业教育中存在的“学科专业教育”与“创新创业教育”、“知识创新”与“精神培养”、“精英化”与“大众化”的矛盾是当前迫切需要解决的问题，也是本书的主要关注点。

人才是创新的核心要素，创新驱动实质上是人才驱动，大学生是实施创新驱动发展战略和推进“大众创业、万众创新”的生力军，应明确创新创业教育不是添加在高校身上的临时任务，不是应对经济下行压力加大的紧急措施，也不是解决高校毕业生就业难的权宜之计；而是找准高等教育改革发展定位，全面提高人才培养质量，努力造就大众创业、万众创新生力军的战略选择（王占仁，2016）。从政府到教育主管部门、从科研院所到高等院校、从“双一流”到应用型院校都必须紧密围绕这一主题，深化改革、齐心聚力。笔者认为，中国高校创新创业教育应该遵循：“政府驱动”与“高校主动”互为支撑，“社会需求”与“学科发展”统筹兼顾，“研究型院校”与“应用型院校”分类实施的基本思路，坚持“大众化”培养原则，选定“学科化”实施路径，结合“专业化”培育方式。本书基于以上现象和问题，做进一步探索分析，尝试寻找其中存在的不足之处和优化方法，以丰富相关研究。

第二章 应用型院校创新创业教育研究价值取向

第一节 应用型院校目标定位

1998年，龚震伟第一次提出了“应用型本科”的说法。在我国，对“应用型本科教育”的研究时间并不长，主要集中在2002年以后（程宝华，2015）。对“应用型本科教育”的内涵，学者们见仁见智，意见不一，普遍认为：应用型本科是以培养高层次应用型人才为目标的四年制本科教育，比专科更强调基础教育和后续发展，比普通本科更强调应用性和技能性。笔者学习教育部相关文件后的理解为：应用型本科院校是立足区域，以学科为依托，以专业教育为基础，以区域经济发展需求为导向，培养高层次应用型人才的地方本科院校。

一、国家相关政策推动

随着应用型本科教育工作的持续推进以及经济社会发展对应用型人才需求的不断增大，国家越来越重视应用型本科人才的培养，并着力提升应用型本科人才的培养质量，为此颁布了一系列关于地方本科院校转型的政策规划。

2010年公布的《国家中长期教育改革和发展规划纲要（2010－2020年）》曾指出，我国高等教育要“适应国家和经济社会发展需要”“重点扩大应用型、复合型、技能型人才的规模”，着力培养“高素质专门人才和拔尖创新人才”。

2012年公布的《国家教育事业发展第十二个五年规划》进一步指出，要“扩大应用型、技能型人才培养比例，地方高等学校以培养应用型、技能型人才为主”。

2014年2月24日，教育部公布2014年工作要点，明确指出：“研究制订关于地方本科高校转型发展的指导意见，启动实施国家和省级改革试点，引导一批本科高等学校向应用技术类型高等学校转型。”

2014年2月26日，国务院召开国务院常务会议，研究部署加快发展现代职业教育，明确提出“引导一批普通本科高校向应用技术型高校转型”，发展现代职业教育部署加快，职业教育模式需要创新，“打通从中职、专科、本科到研究生的上升通道，引导一批普通本科高校向应用技术型高校转型”。

2014年3月，教育部副部长鲁昕在“中国发展高层论坛2014”演讲时表示，教育部将做600多所地方本科高校向应用技术、职业教育类型转变的工作，调整的重点是1999年以后“专升本”的600多所地方本科院校涉及新建本科院校346所，独立学院292所。

2015年10月，教育部、国家发展改革委和财政部联合下发《教育部 国家发

展改革委 财政部关于引导部分地方普通本科高校向应用型转变的指导意见》（以下简称《指导意见》），进一步为贯彻落实党中央、国务院关于引导部分地方普通本科高校向应用型转变（以下简称转型发展）的决策部署，推动高校转型发展，提出意见。《指导意见》明确要求，应用型院校要紧紧围绕创新驱动发展、中国制造2025、互联网+、大众创业万众创新、“一带一路”等国家重大部署，找准转型发展的着力点、突破口，深化产教融合、加强校企合作，加快融入区域经济社会发展，建立紧密对接产业链、创新链的专业体系，推进人才培养方案和课程体系改革，加大实习实训基地建设，探索创新应用型技术技能人才培养模式，提升创新型应用型人才培养能力、提高毕业生就业质量，真正增强地方高校为区域经济社会发展服务的能力、为行业企业技术进步服务的能力、为学习者创造价值的能力。

不同学校基础条件不一，与传统本科高校相比，大部分地方本科高校在生源、师资队伍、教育教学等方面存在明显短板和不足，迫切需要政策的扶持和合理引导。然而，现有政策，包括扶持政策、评估政策，针对的是全体高校的本科教育教学工作，对于基础薄弱的新建本科高校来说，要么“力不从心”“高攀不上”，以放弃告终；要么“东拼西凑”，获得立项支持，至于如何实施，如何通过验收，立项后再论。而这些现象容易将地方本科高校的发展目光引向短期效益，产生功利主义。特色的发展需要有稳定的导向性的政策、体制、社会环境来支撑，而目前满足应用型本科高校特色发展需求的条件还是相对缺乏、保障措施滞后、激励机制不足，结果可能导致地方本科院校陷入“千校一面”的局面：一是与传统本科高校办学思路趋同；二是与同类地方本科院校办学特色趋同。另外，应用技术型高校的特殊需求体现在各个方面，如校企合作培养人才要求，应用型本科教育体系发展、体制归属要求，相关立项评价、结项评价的应用性要求等，一方面一定程度上需要专门政策的协调，另一方面也需要制定针对性的指标体系，这些亟待完善。

二、国家试点运行进程

纵观地方本科院校向应用技术型高校转型的步伐，我国已经对相关的应用技术型教育展开了一系列的行动。

2000年，全国工程应用型本科教育协作组成立。

2006年，中国高等职业技术教育研究会应用性本科教育工作委员会成立。

2007年，全国高等学校教学研究会应用型本科院校专门委员会成立。

2008年，全国新建本科院校联席会议成立。

2013年，应用技术大学（学院）联盟成立。

这些组织机构或平台会针对应用型本科教育的理论研讨、课题合作、办学定位、课程设置、教材编著等定期召开年会或者学术研讨会，增进彼此之间的了解，实现资源共享，逐渐成为高层次应用型人才培养中重要的交流舞台。由此可见，这个舞台展现了这些组织机构的一个共识就是：只有改革传统的人才培养模式，实现教育教学根本性的突破，才能培养真正的应用型高技术人才。

但是，令人失望的是，虽然国家已经为应用型本科教育的建设投入了不少的资源与精力，可是在经济发展的过程中对高技术高水平应用型人才仍然非常缺乏。应用技术大学联盟和发展研究中心发布的调查报告显示，在地方本科院校的毕业生中，尤其是在1999年以后成立的地方本科院校中，存在大量未就业和专业不对口的现象，少部分就业的学生反映就业满意度不足、质量不高，甚至有几年毕业生的就业率不足当年毕业生总量的七成。这种现象表明，地方本科院校的人才培养缺陷越来越明显，如果不加快这类定位模糊、人才输出问题严重的地方本科院校的转型发展，它们有可能会在残酷的社会经济和高等教育改革中被淘汰。

第二节　应用型院校创新创业教育研究的价值

一、应用型院校人才培养模式

为培养具有应用能力的人才，有学者将应用型本科院校的培养模式研究概括为“六化”，即“市场化的专业方向、应用化的课程设置、模块化的教学内容、项目化的教学实践、多元化的产学合作、全程化的就业指导”。还有的学者认为应用型人才培养的特征主要应体现在地方性、实用性、教学型、应用型专业和做学用一体等五方面。具体来说，可以尝试从培养方案、专业结构、课程设置和教学方式四个方面来把握应用型本科院校人才培养模式的特征。

（1）在培养方案上，应用型本科院校以“应用”为导向，将应用型的办学定位贯彻到专业设置、课程设计、教学方式等各个方面，以此确保培养出具备先进的科技和管理知识，并能将其熟练应用到生产和管理岗位上，灵活解决实际问题，具有创新能力的应用型人才。在“应用型”的导向下，培养方案分为两个阶段，即学科基础阶段和专业方向阶段两个培养阶段。

学科基础阶段进行通识教育，培养学生的基础理论知识，构建一个系统的知识体系，以“较厚基础、较宽口径”解决应用型院校培养方案中专业方向过窄的问题。专业方向阶段突出专业知识和实践的教学，有针对性地培养学生的应用能力、分析能力、专业思维能力和创新能力。这两个阶段在课程体系的设计中具体体现出来。

（2）在专业结构上，应用型本科院校要以社会需求为导向，灵活调整专业结构。

近年来，我国正在进行经济结构调整和产业转型升级，由科技含量低、污染严重的劳动密集型产业向科技含量高、污染轻的知识密集型产业转型，需要的不再是简单的一线技术工人，而是具有应用性的高级科技人才。应用型本科院校把握住国家经济转型的内涵和特点，在专业结构上要紧密联系市场，突出专业的针对性和应用性。同时要依据市场的变化，处理好专业调整和相对稳定的关系，在发展专业特色和夯实专业基础的同时，不断对传统专业进行提升和改造，使专业的设置始终以社会需求为导向，有利于学生的就业和国家的经济建设。

（3）在课程设置上，应用型本科院校围绕专业能力培养，实行“模块化教学”。

根据培养方案设定的学科基础阶段和专业方向阶段两个阶段，将“专业学习模块”分为“学科基础模块”和“专业方向模块”。在“学科基础模块”上设置包含“公共课程”和“学科的平台课程”在内的通识性课程，“专业方向模块”上设置“专业理论课程”和“实践课程”两类专业性课程。由于应用型本科院校培养的人才需具有专业性，因此专业方向模块更为重要一些，要加强实训、实验课程的开设，确保学生能掌握本专业岗位所需的专业实践能力，更进一步要求则是引入交叉学科类课程模块，培养应用型、复合型人才。

（4）在教学方式上，应用型本科院校要遵循“理论结合实践”的原则，采取多样化的教学方式，改变传统的单向性教学模式，培养学生的自主学习能力和创新能力。

一是采取互动式的教学方法，如现场教学法、研讨教学法、案例教学法、模拟教学法等，提高学生的兴趣和教学的效果。二是强化实践教学环节，采取“课内和课外相结合”的方式，增加项目教学、实训实习、创新性试验等课程，使学生在实践中运用知识，掌握自主学习的能力。三是采取开放式教学和研究型教学等方式，激发学生深入学习和研究的兴趣，引导学生掌握新知识，为学生的后续发展提供基础。

二、应用型院校展开创新创业教育研究的目的

当前，我国高等教育已呈现出如下四个重要特征。

一是发展环境从供给驱动向需求驱动转变。以用人单位为主导的需求驱动，促使高校主动对接行业产业需求、优化调整人才培养结构。

二是发展定位从适应服务向支撑引领转变。以人才驱动为内核的创新驱动，对高校应坚持需求导向、合理定位，自觉地与国家、区域经济社会发展的新要求贴紧靠实，实现深度融合提出了要求。

三是发展方式从外延式发展向内涵式发展转变。“以质图强”的内涵发展驱动

战略，对高校把发展重点从过去的拼规模、拼数量转向在稳定规模的基础上拼质量、拼内涵，提高优质高等教育资源的供给能力和水平提出了要求。

四是发展动力从要素驱动向改革驱动转变。以高等教育大众化体制机制创新为内核的改革驱动，对高校在深化体制机制改革上做文章，理顺内部关系、争取外部支持，调动各方面积极性提出了要求。

《中华人民共和国国民经济和社会发展第十三个五年规划纲要》明确提出“全面推进创新发展、协调发展、绿色发展、开放发展、共享发展”“推动具备条件的普通本科高校向应用型转变。推行产教融合、校企合作的应用型人才和技术技能人才培养模式”。

本书在“互联网+”“大众创业、万众创新”“创新驱动发展战略”等时代背景要求下，结合应用型院校目标定位，借鉴国内外高校大学生创新创业教育的理念、政策、支持体系和教育模式，调查梳理该类学校创新创业教育发展现状，分析研究存在问题，探讨思考改革方式，探索寻求对策建议，目的在于提高人才培养质量，促进创新创业教育工作的全面展开。

三、应用型院校展开创新创业教育研究的意义

“十三五”期间是我党“两个一百年”奋斗目标的第一个百年奋斗目标——全面建成小康社会的决胜阶段。经济建设、政治建设、文化建设、社会建设及生态文明建设全面推进，工业化、信息化、城镇化、市场化、国际化深入发展，人口、资源、环境压力日益加大，经济发展方式加快转变，都凸显了提高国民素质、培养创新应用人才的重要性和紧迫性。

创新创业教育，是当前大学生必备的重要素质教育，是大学生素质教育的出发点和落脚点，是高等学校教育教学改革的切入点，它以发掘大学生的创新潜能、弘扬大学生的主体精神、促进大学生的个性和谐发展为宗旨，以创新精神和创业能力培养为目标，是现代教育改革的趋势和高校未来发展的方向。高校作为人才培养的主阵地，是开展创新创业教育的直接主体，完善创新学校内部管理机制对探索新时期育人模式、建设创新创业教育体系有着重要意义。

（1）创新引领创业、创业带动就业。高校开展大学生创新创业教育研究和实施，有利于推动高校强化创新创业实践、健全创新创业服务、为大学生创新创业清障搭台；有利于鼓励更多青年学生走进创新创业之门，催生出一大批具有高科技含量的创新型创业企业，进而充分发挥创新创业对就业的倍增效应和带动作用；有利于有效降低大学生创业的盲目性和跟风性，为大学生创业就业提供科学引导和优质服务。

（2）做好创新创业工作是落实国家战略的重要举措。做好大学生创新创业工作，全面提升创新创业人才培养质量，培养造就“大众创业、万众创新”的强大生力军，是服务国家创新驱动发展战略和“大众创业、万众创新”战略决策部署的重要举措，也是为推动实现我国经济发展中高速和产业结构中高端发展目标提供创新型人才支撑的有力抓手，是一项功在当代、利在千秋的伟大事业（雷朝滋，2017）。高等学校要深刻领会、准确把握做好大学生创新创业工作的重大意义，清楚地认识到国民素质不但是高级人才培养和高科技发展的前提，更是各层次人才培养和应用科学技术的基础；当下国与国之间的竞争，已经不仅仅是少数高端人才和高新技术的竞争，而是通过大学这一人才培养主阵地展开创新创业教育的竞争。高校要把创新创业教育研究与工作推动作为服务经济结构转型、发展功能转换的根本需要，要统筹规划、多元协同、分类实施、深度推进。

（3）实施创新创业教育，是世界教育改革与发展的共同趋势，是对教育本质、教育规律、教育对象的尊重，达到真善美相统一的新境界。学校的每一项活动都是基于人的培养，都是基于科学理性与人的理性的需求，而不是“应试教育”。

应用型本科院校指以应用型为办学定位而形成的一批与传统本科院校不同的本科高校。根据教育部官方网站发布，截至 2016 年 5 月 30 日，全国高等学校共计 2879 所（包含 266 所独立学院在内），其中本科院校 1260 所，高职院校 1335 所，成人高等学校 284 所。本科院校数量分布如图 2.1 所示。

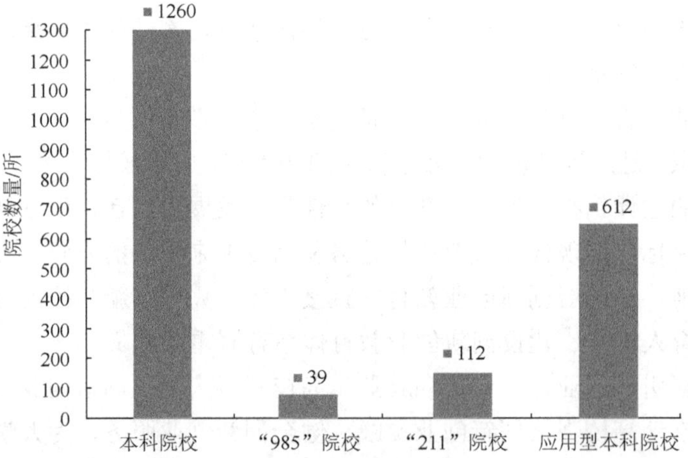

图 2.1　本科院校数量统计图

高校实施创新创业教育，要分层分类、多元培养。在创新创业的链条上，既需要高端科技创新的领军人物带动新科技新产业，需要马云式的利用新科技培育新产业新市场的企业家，也需要大量推动新科技应用、新商业模式开拓等各方面的人才，由他们去培育一大批中小企业。因此，在高校开展创新创业教育和推进大学生创新创业时，既要重视清华大学、北京大学等“双一流”大学科技型创新创业人才的培养，也要高度重视普通本科高校与高职高专院校创新创业人才的培养，让不同类型的创新创业人才各自在创新创业的链条上找到自己的位置，发挥自己最大的创新创业能量。占据本科院校近半壁江山的应用型本科院校对于满足中国经济社会发展，对高层次应用型人才需要以及推进中国高等教育大众化进程起到了积极的促进作用。作为面向区域经济，以培养适应社会需求，具备创新创业精神的高素质应用型人才为目标的高校，开展大学生创新创业教育具有非常重要的意义，不仅有利于推动学校自身发展，更是学校达成人才培养目标的必要条件之一。

目前，很多应用型本科高校已经开始对创新创业教育工作的探索，但因为种种因素的制约，大部分应用型本科院校的创新创业教育不仅起步很晚，而且发展缓慢，与经济社会发展的要求极不相符。

笔者通过分析国内应用型本科院校创新创业教育的现状，借鉴国内外创新创业教育成功经验，对应用型本科院校创新创业教育发展在理念更新、政策支持、体系完善、平台建设等方面展开研究与探索，对于推动此类院校开展创新创业教育有着重要的意义。

第三节 创新创业教育研究开展情况

一、国外创新创业研究涉及领域

创新创业教育在国外的研究已经有几十年的历史，总结出了丰富的理论成果，形成了较为完善的创新创业教育体系，对我国高校的创新创业教育具有非常重要的借鉴意义。

1. 关于创新创业教育重要性的研究

美国著名管理学家彼得·德鲁克在其著作《创新与企业家精神》中，分析了美国在1970～1984年这十多年间经济发展的独特态势，提出创新创业是美国就业政策成功的核心，正是由于创新创业，创造提供了众多就业岗位，促进了社会成员的充分就业，推动了社会经济的发展（彼得·德鲁克，1985）。唐纳德·F·库拉特科认为创业教育在改变市场结构，重建市场经济的过程中，发挥着巨大的创新驱动作用。约翰·奈斯彼特指出，成功的创业教育是美国经济持续繁荣的重要原因。

2. 关于创新创业教育现状的研究

早在 1947 年，美国的哈佛大学、百森商学院、斯坦福大学、麻省理工学院等就相继开始了创新创业教育。大学生创新创业教育被称作美国经济发展的“直接驱动力”。在美国，创业教育是国民教育体系的一部分，贯穿于小学到研究生的全过程，很多高校开设了相关课程，同时还能培养创业教育的博士生。

1987 年，英国政府发起的“高等教育创业”计划（Enterprise in Higher Education Initiative，EHE），为大学生创业教育的发展和实施给出了指导性意见（牛长松，2009）。1999 年，英国又成立了专门管理和实施创业教育的科学创业中心（UK-SKC），由政府主导，推动创新创业教育的快速发展。

日本在 20 世纪 90 年代经历经济危机后，通过引进创业教育复苏了本国经济，确立了“科技立国”的政策，此后社会各界也积极为创业教育提供支持，体现了对创业教育的重视。

3. 关于创新创业教育模式的研究

西方国家的创新创业教育经过多年的探索，形成了众多模式，主要强调以能力为导向，注重创业实践活动的开展。Bechard 等（2002）认为应在传授技能的同时教授管理知识，创业教育应当通过多种形式的活动，帮助学生获得亲身的实践体验，通过体验，磨炼学生的意志，培养创业能力，使其获得创业技能。Holt（1992）从企业生命周期出发，认为创业过程会经历四个阶段，分别是创业前阶段、创业阶段、早起成长阶段和晚期成长阶段，并指出各个阶段不同的活动内容与重点。

4. 关于创新创业教育的师资与课程设置的研究

Kuratko（2005）提出创业教育的师资就是要独立培养一批既有博士学位，又有实践能力的员工队伍。培养既是专业理论名师，又有在各行各业有创业实践经验的教师，能够同时驾驭创业教育理论课和实践课。这种高素质的教师是把创业教育落到实处的真正力量。创业教育对教师的素质要求要高于其他学科，教师要激发学生的学习兴趣，要有一定的观察力，了解学生的已有知识能力水平，从而指导学生创业的发展方向等等。同时，尤为重要的是，对学生预期所从事创业领域的发展与走向有所把握，通过自己的实践经验从中分析出未来对创业的素质要求，这些都是高能力教师在教授创业教育课程中最为基础的职业素质。Solomon 等（2002）则把创业课程推广到多门学科，提出创业课程应涵盖管理学、财务会计、法律及市场营销等相关的知识，指出学生应掌握如何创办企业、合法经营、策划培育企业文化、积极应对社会环境与市场需求变化等方面的基本知识。经过多年的研究，国外学者形成了三种流派：一是认为要以课程设置为基础，甚至可以专门成立独立的院系；二是认为不应单独设立课程，而要将创新创业教育课程渗透到其他各个课程领域中；三是强调实践，这一观点与我国的创业大赛比较相似，带有精英化的倾向。

美国学者对创业教育的研究开始较早，目前美国已经有了40余个关于创业教育的学术期刊，建立了上百个创业学院或创业教育研究中心，有着一批从事创业学和创业教育学术领域研究的高层次、专业化的科研人员，对创业教育的发展、理念内涵、模式、课程设置、师资和实践等不同方面进行了研究，涉及创业教育各个方面，呈现出“百家争鸣、百花齐放”的蓬勃景象。创业教育研究著作和文献数量丰富，成果显著。这些文献为进一步研究提供了一手资料，本书通过借鉴这些资料，对美国高校创业教育课程体系概况有了更深入的认识。

二、国内创新创业研究状况

笔者以“创新创业教育”为关键词在中国知网数据库中搜索主题，截至2017年7月底，一共有11 703条结果。其中，学位论文298篇（包含硕士学位论文282篇，博士学位论文16篇）。从基金资助情况来看，有600余篇文章受到国家社科基金、国家自然科学基金、全国教育规划等39类基金资助；从学科分布分析，高等教育类8101篇、职业教育类2156篇、教育理论与教育管理类187篇，只有少数文章是关于数学、工业经济等其他学科，由此可见目前关于创新创业教育的研究大部分集中在高等教育领域。国内有关“创新创业教育”研究每年的论文数量分布如图2.2所示，硕（博）士学位论文年度完成情况如图2.3所示，硕（博）士学位论文分布情况如图2.4所示。

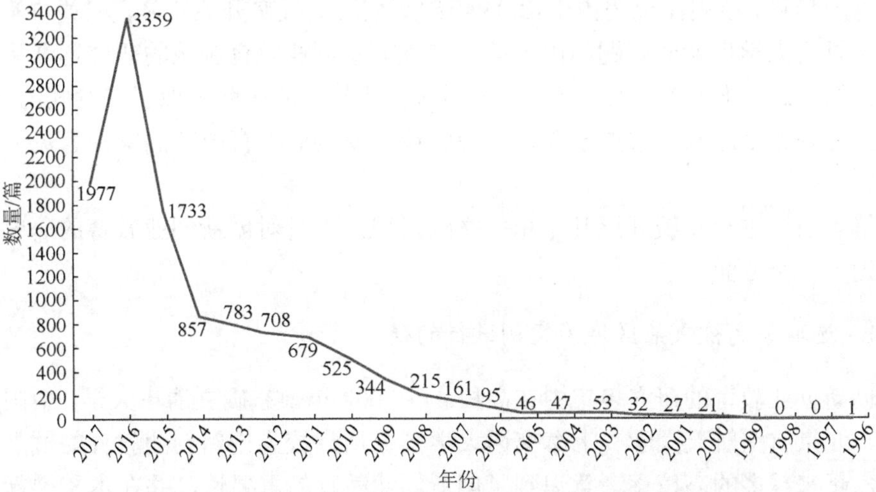

图2.2　有关“创新创业教育”研究论文年度发表情况

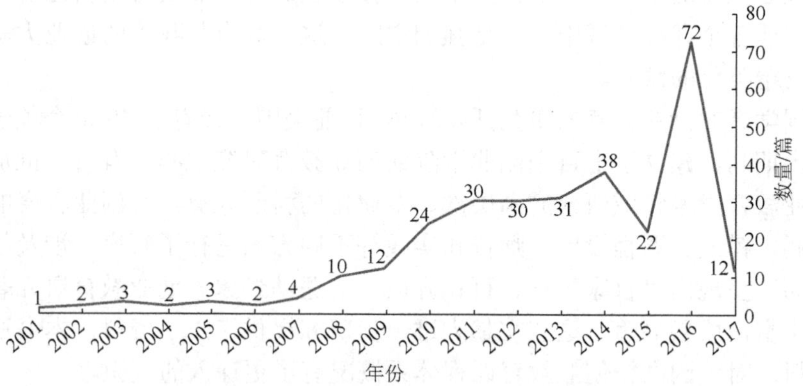

图 2.3　有关"创新创业教育"研究硕（博）士学位论文年度完成情况

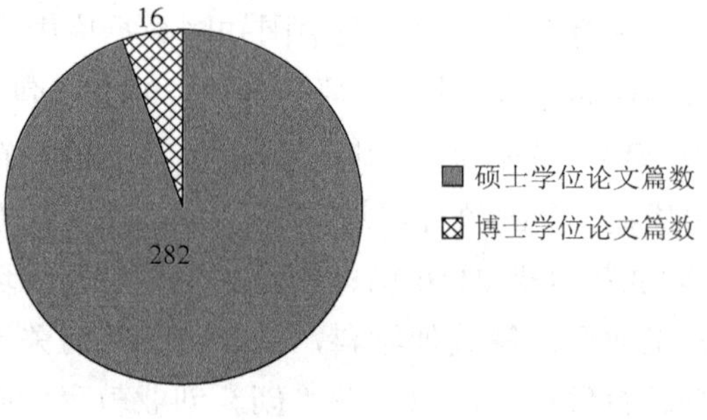

图 2.4　有关"创新创业教育"研究硕（博）士学位论文分布情况

由图 2.2 可看出，自 2007 年开始，关于创新创业教育的文献发表量总体呈线性上升的趋势。该现象说明由于 2006 年创新型国家战略开始实施，相关政策文件的颁布以及大学生就业问题的出现等，有关创新创业教育领域的研究逐渐呈现出白热化的状态。尤其在 2015 年，有关创新创业教育的研究出现了爆发式的增长，这与国务院办公厅颁布《关于深化高等学校创新创业教育改革的实施意见》息息相关。

笔者通过进一步梳理近几年相关文献发现，学者对创新创业教育的研究大致可分为下几个方面。

1．选取某高校或某区域为案例进行的研究

创新创业教育的研究多集中在高校。自 2002 年国家确立清华大学、中国人民大学、北京航空航天大学、上海交通大学等 9 所高校为创新创业教育的试点高校以来，越来越多的高校逐渐意识到了创新创业教育的重要性，并在本校推行（杨伟伟，2016）。

西安电子科技大学张鸽（2012）在其论文中，选取了陕西的五所高校为样本，对创新创业教育的现状进行了深入的调查研究，指出目前高校还存在对创新创业教育理念理解不全面的问题；创新创业教育课程设置还处于探索阶段，多了随意性，缺乏整体性、规范性；师资力量薄弱，教师缺乏创业实践；创新创业教育停滞于浅层形式，实践环节相对薄弱等问题，最后针对这些问题提出构想。曹扬（2014）在其博士学位论文中，以吉林省为例，论述了在转变经济发展方式背景下的高校创新创业教育的现状及问题，主要研究了创新创业教育如何借助区域资源优势，如何适应经济发展等一些现实问题。

整理发现，名院校都是在结合本区域特点及优势的基础上，根据实际情况开展创新创业教育的理论教育及实践活动，这在一定程度上促进了创新创业教育的顺利开展。

2. 中外比较基础上进行的创新创业教育研究

创新创业教育起源于西方发达国家，因此西方在创新创业教育实践和理论上为我国提供了较好的范本。在此前提下，对国外相关方面的研究就变得尤为重要。下面讨论我国学者在借鉴国外先进经验的基础上进行的主要研究。

胡桃等（2013）主要介绍了百森商学院的创业课程体系改革和斯坦福大学的产学研创新创业教育模式，认为百森商学院的课程教学主要体现在以下几个方面：师资力量的优越性、课程设计方面的前瞻性、课程内容体系的完善性、课程教学方法的探究性。关于斯坦福大学，她主要就斯坦福大学产学研模式的特点进行了深层次的分析。安徽财经大学乔明哲等（2009）对英国大学创业教育的特点进行了总结，认为英国是创业教育先行国家之一，英国高校推行务实的创业实践教育，具有丰富特色的机会导向型创业课程以及差异化的专业化创业人才培养模式，并在此基础上探讨了对我国的借鉴与启示。方雅贤等（2015）则是在营销学的视角下，对中美两国在创新创业教育的产品对比、市场环境对比、高校资源能力对比三个方面进行了比较研究，并通过比较就我国高校如何建立自己的创新创业教育体系提出了相应的建议。赵国靖（2016）在对美国高校创业教育模式典型案例研究的基础上，对中美高校创业教育课程设置的背景、目标、内容、实施、评价进行了比较研究，为我国高校创业教育课程设置提出了对策性建议。

笔者在整理文献过程中发现，大部分中外对比的研究都是以英美两国为例，其他国家如德国、印度、韩国等略有涉及，这从侧面反映了英美两国的创新创业教育发展处于世界领先地位，他们的教育体系、运行机制及模式均有很多值得我国借鉴之处。

3. 以实证调查为手段进行的创新创业教育研究

调查研究是进行学术研究的一项重要手段，通过调查研究，研究者可以获取想要的资料，为进一步的研究提供材料和事实基础。笔者通过梳理文献发现，有很多相关研究运用了这种方法。罗妮等（2015）在“大学生在移动教育行业创新创业调查研究”中，通过对大学生创业者和成功创业者的访谈，并结合《2015 年中国大学生就业报告》的数据，在经济学的角度，系统分析了大学生在移动行业创新创业教育的现状问题，最后针对问题提出一些具有建设性的总结。张玲（2017）通过线上和线下问卷调查方式，对高校创新创业教育学生主体能动性作用展开研究，分析发现我国的创新创业教育对学生能力的提升主要仍在知识的掌握上，对实践、人际交流方面的作用并不显著，这与创新创业教育强调实践思维的教育目标存在较大差距。因此，认为我国高校创新创业教育中学生主体性发展存在严重不足。韩增芳等（2011）在“大学生创新创业教育现状调查分析”中，同样是采取调查问卷的方式，对大学生的创新创业教育的目的、前景、形式选择、能力认知等相关认知方面进行了调查分析，并根据研究结果提出相应的建议。

以上研究者都是在实证调查的基础上，针对调查数据获得第一手资料，并进行分析研究。由此可见，通过某种调查方法的运用，更能够使研究者从实证的角度获得自己想要的信息，具有一定的真实性和可行性。

4. 人才培养质量与创新创业教育的相关性的研究

对于人才培养质量与创新创业教育相关性的研究，笔者通过搜索数据库中的材料梳理出以下的思路。

将人才培养质量和创新创业教育融合在一起进行研究的并不多，大部分集中在人才培养模式方面，人才培养质量与创新创业教育关系的研究所占篇幅较少。2013 年，上海市教育委员会薛明扬教授主持了“创业教育与提高高校人才培养质量的相关研究”项目，该项目主要采用了文献法、案例分析法化及问卷调查等方法，从创业教育的理论、高校实践、国外比较等多视角、多侧面的研究提出了创业教育与人才培养质量的三点相关性：一是在高校人才培养过程中的实践能更好地满足学生自我发展的需要；二是创业教育能够促进传统高校人才培养模式的革新；三是创业教育与人才培养质量的相关性在于它的成功实践能够培养出更好地满足社会发展需要的高质量人才（全国教育科学规划领导小组办公室，2013）。王璐等（2013）通过研究发现传统的人才培养质量评价模式不利于创新创业人才的培养，并在探讨创新创业人才素质结构的基础上，从评价原则、评价目标、评价主体、评价指标、评价方式五个方面对创新创业型人才的培养质量提出合理构想。关于创新创业教育与人才培养质量相关性的研究，有些学者是通过调查研究等方法直接探讨二者的关系，也有的学者则是通过探讨人才质量评价体系来论述二者的关系。笔者认为，二者的确存在某些相关性，但到底是什么样的关系，则需要进一步地深入研究探讨。

第四节　主要研究方法

一、研究方法

1. 文献法

文献法主要是指在研究过程中，通过检索和收集文献，对其进行分类整理，并在研究的基础上对事物本质产生充分认知的方法。本书运用文献法对公开发表的书籍、期刊和学术论文，国内外相关政府部门和高校官网公布的一些政策文件和相关报告、召开的相关会议记录及专题研究项目的研究报告等进行文献梳理和分析，了解创新创业教育现状、存在的问题，为解决问题的对策寻找线索和突破口。

2. 对比法

本书通过对比国内外大学生创新创业教育的不同模式特点，深化了对应用型本科院校大学生创新创业教育的理解和把握。

3. 访谈法

本书结合实际，对西部地区不同层次涉及理工、人文、艺术、财经、师范等10所应用型本科院校学生处、团委、部分二级学院相关师生进行了标准与非标准的访谈，包括普通访谈和深度访谈，选取对象主要包括大一、大二学生代表，大三、大四参与创新创业计划项目学生，大四创业学生，创新创业计划项目指导教师和相关部门工作人员等典型人员。分析应用型本科院校创新创业教育发展的现状和存在的问题，为本书的研究提供真实依据。

4. 问卷调查

问卷调查法也称问卷法，是调查者运用统一设计的问卷向被选取的调查对象了解情况或征询意见的调查方法。本书根据调查目的自行设计相关问卷，通过发放问卷和在线推送问卷两种方式展开调查，选取两所调研大学随机发放问卷 300 份；在选定的 10 所应用型院校推送在线问卷，先后有 1400 名师生接受问卷调查。根据调查结果对受调查大学创新创业教育的现状与问题进行分析。

5. 个案研究法

个案研究法是指对某一组织或系统持续跟踪，从而得出一定认识和结论的过程。本书以西部地区一所师范院校作为主要研究对象，分析这所高校创新创业教育的发展现状、活动特色、组织形式及“双创”成效。

二、研究思路

本书首先根据当今知识经济时代的发展状况，国内外“大众创业、万众创新”的形势，结合应用型本科院校人才培养的内涵、目标和定位，分析了我国应用型本科院校大学生创新创业教育发展的必要性和紧迫性；然后在详细研究分析国内外大学生创新创业教育现状的基础上，总结了应用型本科院校大学生创新创业教育发展存在的问题，并提出了改进和完善的策略和构想，以期对我国应用型本科院校大学生创新创业教育发展起到实质性的推动作用。基于此，本书将研究分为七个部分，如图 2.5 所示。

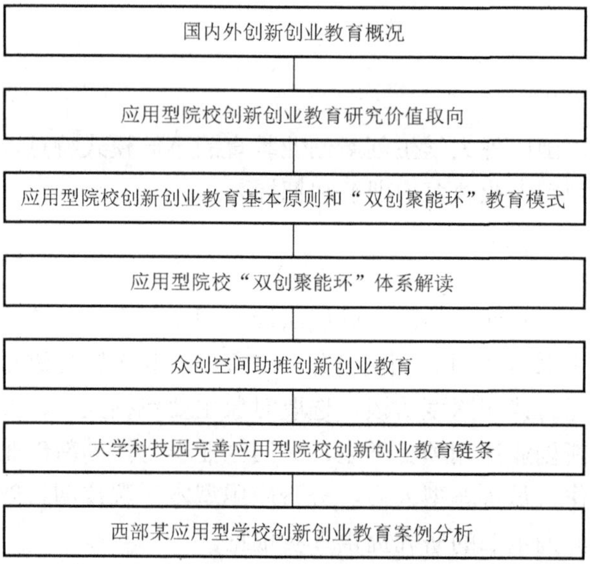

图 2.5　研究线路图

第三章　应用型院校创新创业教育基本原则和实施路径

第一节　我国高校创新创业教育成效

一、我国高校创新创业教育发展历程

以时间节点划分，我国高校创新创业教育开展经历了四个阶段。

1. 孕育期（1989～2002年）

1989年，联合国教科文组织在“面向21世纪教育发展趋势国际研讨会”中提出创新创业教育是“第三本教育护照”。

1997年前后，清华大学、复旦大学、华东师范大学、武汉大学、北京航空航天大学等高校先后对创新创业教育进行了有益的、自发性探索。例如，清华大学以学生创业计划竞赛为载体的创业教育探讨与实践；复旦大学教育学生创业基础知识和基本技能；华东师范大学尝试开设“创业教育课程”；武汉大学实施“三创”教育（创造、创新、创业教育）；北京航空航天大学科技园等机构对学生创业给予注册、资金支持等，开启了中国大学展开创新创业教育的尝试。

期间标志性事件有：1998年清华大学举办的国内第一届大学生创业计划大赛开幕，正式揭开了中国创新创业教育的帷幕；1999年，教育部公布的《面向21世纪教育振兴行动计划》中指出，加强对教师和学生的创业教育，采取措施鼓励他们自主创办高新技术企业，以文件的形式正式确立了创新创业教育的合法地位。

2. 起步期（2002～2010年）

2002年，教育部发文确立清华大学、中国人民大学、上海交通大学、北京航空航天大学、西安交通大学、武汉大学、西北工业大学、黑龙江大学、南京财经大学等9所院校为创新创业教育试点高校。这一举措有效推动了我国高等院校创新创业教育工作的启动，标志着我国高校创新创业教育由自发探索阶段进入教育行政部门引导下的多元探索阶段。

2008年，教育部通过“质量工程”项目，又立项建设了30个创业教育类人才培养模式创新实验区，经过一年多的实践，取得了较好的预期成果。

2010年，教育部颁布《关于大力推进高等学校创新创业教育和大学生自主创

业工作的意见》，对创新创业教育课程、师资、组织、平台等做了明确规定，创新创业教育逐步在全国展开。

3. 发展期（2010～2015 年）

在试点和试验过程中，各高校分别通过不同的方式，探索开展创新创业教育实践，形成了三种模式。

一是以课堂教学为主导开展创新创业教育的模式。例如，中国人民大学强调重视培养学生的创业意识，构建创业知识结构，将第一课堂、第二课堂结合起来，开设“企业家精神”“风险投资”等创新创业课程。

二是以提高学生创业意识、创业技能为重点的创新创业教育模式。例如，北京航空航天大学专门成立“创业管理培训学院”；设立创业种子基金，为学生在校期间创业直接投入资金 500 万元；还通过建立大学生创业园，指导学生创业。

三是以创新教育为基础，为学生创业提供实习基地、政策支持和指导服务等综合式创新创业教育模式。例如，上海交通大学基于“三个转变”（专才向通才转变、教学向教育转变、传授向学习转变），实施“三个基点”（素质教育、终身教育和创新教育）的人才培养模式；黑龙江大学建立了课程体系、实践体系、管理保障体系，为学生提供创新创业教育的个性化指导。

这些试点和试验的成功经验，为在全国高校全面推进创新创业教育起到了重要的参考作用。

4. 加速期（2015～2017 年）

2015 年 3 月，国务院办公厅发布了《国务院办公厅关于发展众创空间推进大众创新创业的指导意见》，提出以营造良好的创新创业生态环境为目标，以激发全社会的创新创业活力为主线，以构建众创空间等创业服务平台为载体，加快形成“大众创业、万众创新”的生动局面。

同年 5 月，国务院办公厅发布了《国务院办公厅关于深化高等学校创新创业教育改革的实施意见》，对我国高校在创新创业教育方面的指导思想、总体目标、主要任务和措施等方面作出了具体规定，进入全面深化高校创新创业教育改革阶段。9 月，国务院又发布了《国务院关于加快构建大众创业万众创新支撑平台的指导意见》，在“众创、众包、众扶、众筹”四个方面全面推进支撑平台的快速发展。

2017 年 1 月，教育部印发《教育部办公厅关于公布首批深化创新创业教育改革示范高校名单的通知》，认定北京大学等 99 所高校为“全国首批深化创新创业教育改革示范高校”。同年 7 月，教育部再次印发《教育部办公厅关于公布第二批深化创新创业教育改革示范高校名单的通知》，认定中国人民大学等 101 所高校为“全国第二批深化创新创业教育改革示范高校”。要求各“示范高校”要进一步深入推进创新创业教育改革，切实发挥好示范引领作用。各省级教育行政部门和其他高等学校要认真学习借鉴“示范高校”的好做法好经验，扎实推进本地本校创新创业教育改革工作，努力增强学生的创新精神、创业意识和创新创业能力，全面提高教育教学水平和人才培养质量。至此，我国已形成科学先进、广泛认同、具有中国特色的创新创业教育理念，形成了一批可复制可推广的制度成果。我国高校创新创业教育进入加速期。

2017年9月，中共中央办公厅、国务院办公厅印发《关于深化教育体制机制改革的意见》，明确指出，要健全促进高等教育内涵发展的体制机制。强调要创新人才培养机制。高等学校要把人才培养作为中心工作，全面提高人才培养能力。不同类型的高等学校要探索适应自身特点的培养模式，着重培养适应社会需要的创新型、复合型、应用型人才。把创新创业教育贯穿人才培养全过程，建立健全学科专业动态调整机制，完善课程体系，加强教材建设和实训基地建设，完善学分制，实施灵活的学习制度，鼓励教师创新教学方法。深入推进协同育人，促进协同培养人才制度化。研究制定高等学校分类设置标准，制定分类管理办法，促进高等学校科学定位、差异化发展，统筹推进世界一流大学和一流学科建设。

过去的几年，国家陆续出台多份文件促进创新创业教育，上述文件正转化为具体的政策措施，推动我国高校创新创业教育向更快更好的方向发展。

二、《中国高校创新创业教育发展蓝皮书（2016）》报告情况

2016年9月25日，由北京中科创大创业教育投资管理有限公司、中国高校创新创业教育联盟、中国与全球化智库（Center for China and Globalization，CCG）联合课题组编制的《中国高校创新创业教育发展蓝皮书（2016）》发布。《中国高校创新创业教育发展蓝皮书（2016）》指出，随着“双创”的持续深入，全民参与的创新创业氛围不断完善，高校创新创业教育的发展需求进一步加大。

《中国高校创新创业教育发展蓝皮书（2016）》还指出：“目前创新创业教育的主要模式，基本上形成了以核心层、中间层、支撑层三位一体的体系。”核心层包括教育课程、教材及孵化基地等创新创业教育的实现平台，以及创新创业大赛和课程有关的创新创业活动。中间层是影响创新创业教育的内在因素，包括高校对创业教育的重视程度，本身师资力量以及高校学生的整体素质和能力水平。支撑层是影响高校创新创业教育的外围环境因素，包括政府对高校创业的态度、投入，还有企业对高校创业教育的参与度，以及整体的社会环境。

新时期的创新创业教育对于深化高校教育改革、完善人才发展机制、支撑“双创”以及创新驱动发展战略有重要意义：一是创新创业教育是推动高校教育改革、

改变传统教育体系与实践脱节困境的重要破局点；二是创新创业教育的目标超越了对于就业的补充，是完善人才发展机制和加速人才培养的重要举措；三是高校创新创业教育的根本是促进高校学生参与创新创业，是活跃“双创”、支撑创新驱动发展战略实施的重要举措。

中国与全球化智库副主任郑巧英表示，我国高校创新创业教育有四大趋势：第一，高校制度环境进一步完善，国家顶层设计方面相应更完善；第二，高校创新创业教育在向通识教育发展；第三，“互联网+”等手段进一步拓展了高校创新创业教育的渠道；第四，高校创新创业教育将趋于开放化和国际化。

在促进我国高校创新创业教育发展方面，《中国高校创新创业教育发展蓝皮书（2016）》提出了六条建议：一是加大创新创业教育的资源投入，并引导高校整合社会资本尤其是校友资源通过创业基金、合作教育、合作基地等方式积极投入高校创新创业教育，形成持续的多元化投入体系。二是完善创新创业教育的促进机制，围绕创新创业的特征，形成创新教育课程与创业教育课程，鼓励科技创业。三是丰富创业教育的实施手段。例如，注重实践教学，实战学习，鼓励学生开展真实的创业实践，在实践中学习，不断提升知识运用能力，积累创业经验。四是做好高校学生创业的风险保障。例如，面向高校学生创业群体实施社会保障、医疗保险和失业补助等措施。五是优化创新创业教育的社会环境，进一步完善学生创业的社会辅助设施，包括众创空间、创业孵化基地、非营利的社会组织等，提升学生创业全链条的辅助与服务水平。六是鼓励中外合作开展创新创业教育。例如，鼓励创办中外合资创业大学，联结师资、教学、实习与实践，甚至早期风险投资等各个环节，实现创新创业人才的“全链条”培育。

《中国高校创新创业教育发展蓝皮书（2016）》显示，学生对学校的扶持需求主要集中在提供配套资金需求、提供高质量的创业系列课程、提供企业家和创业者讲座等方面。此外，建设众创空间等创业孵化基地、提供创业场地扶持、鼓励产学研项目孵化等也是学生对创新创业服务的主要需求。

麦可思研究院联合中国社会科学院发布的《2017 年中国大学生就业报告》数据显示，近 5 年来，大学生毕业即创业连续从 2011 届的 1.6%上升到 2017 届的 3.0%，接近翻了一番。以 2017 年 795 万名应届毕业生的总量计算，年创业大学生数量超过 20 万人。而中国人民大学发布的《2016 中国大学生创业报告》显示，在国家“双创”政策的引导下，随着社会各方对于大学生创业实践的支持力度不断加强，大学生创业意向高涨，近九成的在校大学生曾考虑过创业，近两成的学生有强烈的创业意向。数据充分表明，置身于互联网和创新创业大环境中，大学生正以饱满的热情投身到创新创业的大潮中，大学生创新创业实践正呈现出生机勃勃的态势。

三、中国高校创新创业教育学情

2017 年 6 月 25 日，首届中国高校创新创业教育联盟年会在郑州大学召开，来自全国百余所高校的校长共聚一堂，就创新创业教育的改革与发展建言献策。会上发布了《中国高校创新创业教育蓝皮书（2016）》及《中国高校创新创业教育学情报告（2016）》，较为全面地分析了国内高校在创新创业教育的现状、优势及短板。

据了解，2017 年 4 月至 5 月，中国创新创业教育联盟面向全国 130 余所高校开展创新创业教育调查和学生学情调查，覆盖 27 个省（自治区、直辖市），10 类院校。调查显示，72.4%的受访学生认为，自己具备创新意识；83.2%的学生表示，自己有创业意愿。调查还发现，大学生创新创业课程出勤情况要优于普通专业课程；从与老师互动交流频繁程度、与同学合作交流程度、对课程的投入程度等来看，大学生在创新创业课程的总体表现，也略优于普通专业课程。不过，61.5%的受访学生表示，只是想过创业，但缺乏系统的思考。不少学生创业的想法，源于社会环境以及学校教育、家庭朋友的影响；仅 21.7%的大学生有比较成熟的考虑。该报告认为，高校创新创业教育在学生创新创业理念的落地方面，还有很大的提升空间。

此外，《中国高校创新创业教育蓝皮书（2016）》指出，我国高校创新创业教育取得了很大成绩，但仍存在理念滞后、保障体系尚未健全、教育内容与模式有待升级等问题，并针对这些问题给出了建议。

《中国高校创新创业教育学情报告（2016）》指出，目前国内高校的创新创业教育受到政府的重视、引导与推进，并且高校自身也在不断自主探索变革。调查结果显示，近七成高校年投入用于创新创业教育建设的资金在百万以上，其中 85.5%的高校建有创客空间，超过 70%的高校建有创业孵化器和实验室，41.1%的高校建有校内创新创业教育的研究中心。

《中国高校创新创业教育学情报告（2016）》还指出，在调查的学校中，81.5%的高校在 2016 年出台了与创新创业教育相关的激励政策和相应的校内文件。

与此同时，国内高校的创新创业教育也存在一定问题。目前国内部分高校在推进创新创业教育过程中，指导思路仍以传统的“创业教育”为主，很多学校老师和学生对于创新创业的理解也不到位，功利色彩浓厚。

《中国高校创新创业教育学情报告（2016）》认为，当前创新创业教育保障体系尚未健全，国内大部分高校的教学资源支持没有达到创新创业教育需要的水平，教师与学生的积极性也有待激活。目前各高校创新创业教育师资初具规模，但是整体水平参差不齐，尤其欠缺专任教师。其中，高职院校的师资人数与本科院校相比差距较大。

总体来讲，国内高校在创新创业教育改革与发展上取得了一定成就，有四成左右院校获得创新创业教育相关教学成果奖，76.2%的高校获创新创业教育相关荣誉；校内培育创新创业团队上万，融资总金额超过14亿元。

新形势下，中国高校创新创业教育发展出现新趋势、新动向，呈现新角色、新定位。本次蓝皮书以及学情报告的发布，通过对百余所国内高校的调查，系统地呈现了国内高校创新创业所取得的成果，更指出了创新创业教育发展过程中所存在的机遇与挑战。

第二节　应用型院校现有创新创业教育存在问题

根据国家每年统计的大学生毕业人数分析，可以看到大学生面临着越来越严重的就业形势。为了缓解严峻就业形式，国家致力于多方面的解决办法，其中之一就是鼓励和支持大学生创业。国务院办公厅通过了《关于发展众创空间推进大众创新创业的指导意见》，号召大学生积极探索创业就业的新途径，推进实施大学生创业引领计划，表明国家大力支持众创空间，推动大众创业、万众创新。国家出台的一系列鼓励高校大学生创业的政策，目的在于为大学生创业提供一个良好的保障平台。与此同时，各大高校也积极地推进创新创业教育，以创业带动就业，鼓励有意向的大学生实现自己的梦想。但是，从目前情况来看，近年来我国高校开展创新创业教育水平整体偏低，一些地方及一些高校在创新创业工作中还存在一些问题值得关注与反思，如对创新创业教育认识不够、对创新创业教育理论研究不多、创业教育文化氛围不浓厚等问题，相对落后的西部地区应用型院校在创新创业教育方面问题更是凸显。

为了广泛收集一手数据，充分把握我国西部地区创新创业教育现状，笔者选取陕西一所文理学院、两所理工学院、三所师范学院和甘肃一所民族学院、内蒙古一所师范大学、新疆一所综合大学、宁夏一所师范院校等10所学校为研究对象，对师生进行线上线下问卷调查，调查报告涉及所在院校师生创新创业意愿，意向创业区域和领域，学校创新创业教育开展广度、推进深度，学校创新创业政策支持力度，创业资金来源、创业能力评估、创业风险预防、创新创业教育参与度与满意度等多个维度，以期全面了解西部地区各高校当前创新创业教育开展情况，探究高校学生创新创业及高校创新创业教育的发展情况，分析影响高校学生创新创业的主要问题及其需求。

对回收的3500余份调查问卷进行梳理分析，结果显示西部应用型院校创新创业教育基础设施发展较快，5所高校年投入金额在百万以上；6所高校开设创新创业教育类课程，超过半数高校开设必修课和网络课程；7所高校建有创客中心；4所高校建有创业孵化器；3所高校建有校内创新创业教育的研究中心。学生实践越来越受到重视，大型竞赛活动成为重要催化剂，100%的高校学生参与到了各级别的多项创新创业大赛中。对创新创业有兴趣的大学生超过47%，其中经管类、工学类和艺术类的学生尤为突出；62%的受访者认为创新创业的首要原因不是经济收入，而是期待参与创新创业活动能够使个人不断成长以及实现自我价值；52%受访者对高校提供的创新创业配套服务评价一般，人员缺乏、投入不足、课程缺乏、课程理论性太强、实践指导不够、缺少专业创业服务指导等阻碍着高校创新创业的发展；90%的学生认为学校有必要合理开展创新创业教育；85%的受访者认为创业团队和团队负责人个人能力是创新创业成功的重要因素；相对发达城市学校学生较欠发达城市学校学生创新创业热情高；省会城市是高校学生意向创新创业的首选区域。

经过调查分析发现，西部各应用型高校在创新创业教育中虽取得了一些成绩，但与全国院校创新创业教育发展相比较、与创新型国家战略驱动要求相对照还存在一定差距，还有很多问题需要解决，还存在一些亟待纠偏的现象。

一、对创新创业教育工作重要性领会不到位、认识有盲区

一些高校和地方主管单位为落实文件而开展工作的情况依然存在，认识有盲区，担心重视创新创业教育会降低学校办学水平、对“双创”教育还是停留在创业教育初级阶段，层次低、内容浅、形式化，在一些高校甚至出现名义上“加强”，实际上“虚化”乃至“落空”的现实问题。

二、缺乏有效机制保障，师生参与度低

《中国高校创新创业教育蓝皮书（2016）》调查报告显示：一些高校部分专业教师和管理人员对创新创业教育缺乏认同，对将创业教育融入专业教育存在疑问；很多学生仍然认为创新创业教育是部分有创业意愿孩子的事情。究其原因，主要是学校缺乏切实有效的管理评价引导机制，现行考评方式指标对创新创业活动涉及较少，未能充分肯定教师在创新创业教育活动中的劳动量付出，不能全面调动广大教师从事创新创业教育活动的激情，不能有效吸引广大学生参与创新创业活动的热情。教师安于现状，不愿付出太多精力和时间用于“教中学”“学中教”；学生忙于现实，不愿在教学要求之外浪费太多精力和时间。

三、新形式需求下创新创业教育理念尚未形成

一些院校在改革过程中，虽做了一些努力，但由于理念落实、方式保守、步调缓慢，围绕创新创业教育体系设计、课程设置、教学活动展开等各个环节受制于旧思想、老模式的制约，未能把创新创业教育和专业教育紧密结合，未能把创新创业教育面向全体学生“普及式-大众化”和针对有明显需求意愿学生“精英

式-专业化”培育统筹兼顾、协同推进，真正做新、做活，实现新形势、新需求下对高校人才培养的“流程再造”。

四、系统推进缓慢，顶层设计有待优化

一些学校快响应轻论证，存在“急功近利、你要我有”情况。对开展创新创业教育是深化高校教育改革的重要环节领会不到位，只是快速响应主管部门号召，迅速搭建班子，草草出台文件，热衷挂牌子，高调搞宣传，敷衍做工作，顶层设计缺乏科学性、系统性、可行性，没有将创新创业教育放在学校战略发展的高度，不能结合自身特色展开设计，未能有效协同教学、科研、就业、实践等各个工作环节有序推进，出现内容狭隘、方法简单、对象单一、相互模仿、粗糙开展等现象。

五、实践环节不够，平台发力不足

一些院校特别是西部欠发达地区应用型院校，受办学经费等各种条件制约，学生实习实训实践场地建设严重不足、实验实践设备不够，校企联合平台务虚多，爱挂牌、轻建设、肤浅化，造成学生动手能力低等现象普遍存在。从创新创业的角度讲仅仅靠课堂教学是远远不够的。无论是创新精神、创业意识还是创新创业能力，都需要在实践当中感悟提升，需要在生产过程中培养锻炼，需要在技术研发中提高升华。

六、关注少数学生，轻视大众化创新创业精神培养

一些高校采取“精英化”创新创业教育模式，以少数大学生创业实践的成功来评价学校整体创新创业教育的成效，这种做法显然是有失偏颇的。2016 年底调查显示，全国在校大学生仅 5.96%接受过较为系统的创新创业教育，毕业生自主创业率仅为 2.48%。创新创业教育在指导思想上忽视了基础性和全面性的功能，因此对大学生进行创新创业能力培养的实效性不足。

第三节　应用型院校创新创业教育模式

一、转型期应用型院校开展创新创业教育应遵循基本原则

2015 年 5 月国务院印发的《国务院办公厅关于深化高等学校创新创业教育改革的实施意见》，站在国家实施创新驱动发展战略、促进经济提质增效升级，推进高等教育综合改革、促进高校毕业生高质量创业就业的高度，确立了“面向全体、分类施教、结合专业、强化实践”的基本原则。

这些基本原则既是当前中国高校开展创新创业教育的价值取向，也是创新创

业教育理论研究和实践探索的努力方向。但是，实践过程中大家对于这些基本原则的理解和认识并不一致，当前亟须从理论的高度解决创新创业教育为什么要“面向全体学生”而不是少数学生，为什么要“结合专业教育”而不是“另起炉灶”，为什么要“作为推进高等教育综合改革的突破口”而不是简单地开设几门创新创业课程等基础性、根本性问题（王占仁，2017）。对于这些问题的解答，需要深刻理解高校开展创新创业教育基本原则的科学内涵，统筹协调好“面向全体”与“分类施教”、在校教育与继续教育、素质教育与职业教育、“教中学”与“做中学”的关系。

二、应用型院校创新创业教育核心

创新创业教育已然成为我国当下高校工作的重点之一。开展创新创业教育是我国大学发展转型的一次挑战，也是提升高等教育整体实力的一次考验。特别是占据高等院校大半壁江山的应用型院校，更是有着不可推卸的时代使命，必须勇于担当、统一认识、聚智合力、全面深度系统推进创新创业教育工作，展开顶层设计、创新管理机制、探索育人模式、构建可持续发展的创新创业教育体系。

从人才培养定位看，应用型本科高校主要培养知识应用型人才。这种应用型人才，面向社会生产和生活领域中的职业群和行业而不是岗位，因此在其知识、能力和素质要求上，并不过于强调技术的熟练程度及岗位对应性的操作能力，而是强调既具有宽厚的知识基础、应用性专业知识和技能，又具有转化和应用理论知识的实践能力及一定的创新能力，如对应用知识进行技术创新和技术的二次开发的能力等。

当前，各应用型院校要紧紧围绕创新驱动发展、中国制造2025、互联网+、大众创业万众创新、“一带一路”等国家重大部署，找准着力点、突破口，把办学思路真正转到服务地方经济社会发展上来，转到产教融合校企合作上来，转到培养应用型技术技能型人才上来，转到增强学生就业创业能力上来，全面提高学校服务区域经济社会发展和创新驱动发展的能力，切实增强为行业企业技术进步服务的能力，为学习者创造价值的能力。其创新创业教育核心是培养学生创新创业精神，并非要让每一个学生都必须自主创业，重点是对学生人格品质、头脑思维和能力素质的培养。它集中表现为一种积极向上的人生态度和坚忍不拔的意志品质。创新是一种精神的追求，创业则是一种行为的表现，创新创业实则是一种表里合一的关系。

三、应用型院校创新创业教育模式

坚持把人才培养作为学校中心工作，面向区域社会发展需要，以提高质量为目标，注重优化结构，大力推进应用转型，着力人才培养模式改革，突出学生创新应用能力培养，形成具有学校特色、与学校发展目标相适应的人才培养格局。笔者认为应用型院校应按照“调整优化重融合，学科专业最关键，基地平台齐发力，外推内夯促裂变”改革思路，秉承“面向全体、立足专业、贯穿全程、重点培育”的基本原则，构建“一个主体、两个核心、多维联动”教育体系，打造“双创聚能环”教育模式，切实高效开展创新创业教育，助推院校转型、深化教育改革，为社会培养具有创业意识、创新精神、创新创业能力且勇于创新创业的应用型人才。应用型院校“双创聚能环”教育模式如图 3.1 所示。

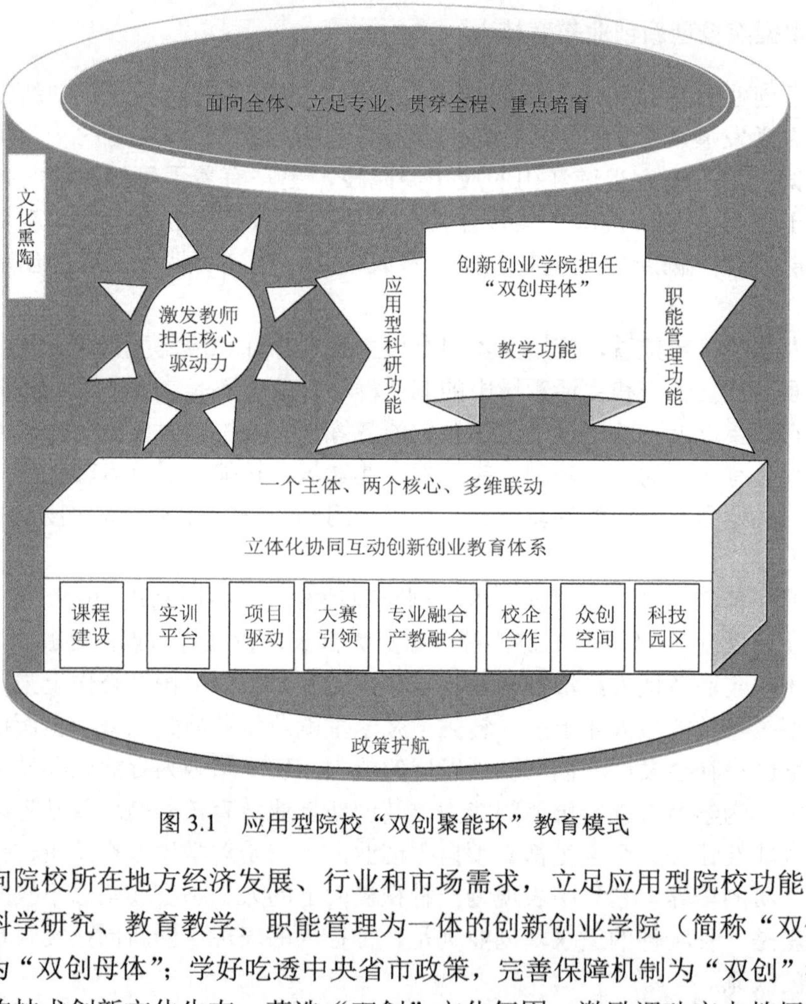

图 3.1　应用型院校“双创聚能环”教育模式

面向院校所在地方经济发展、行业和市场需求，立足应用型院校功能定位，建设集科学研究、教育教学、职能管理为一体的创新创业学院（简称“双创”学院）作为“双创母体”；学好吃透中央省市政策，完善保障机制为“双创”教育护航；重构技术创新文化生态，营造“双创”文化氛围；激励调动广大教师参与热情凝聚核心驱动力；坚持“面向全体、立足专业、贯穿全程、重点培育”的基本原则，构建立体化协同推进的“双创”教育体系，以创新创业教育课程建设为基点，以专业融合、产教融合为核心，以实验室、实训中心为支撑，以创新创业项目实施为驱动，以“双创”大赛为引领，以众创空间为驿站，以科技园区为纽带，以校企合作为外延，分阶段、分层次、分类别实施创新创业教育，培养应用型技术技能型人才，增强学生就业创业能力，全面提高学校服务区域经济社会发展、服务行业企业技术进步和创新驱动发展的能力。

第四节　应用型院校创新创业教育实施路径

一、以培养创新精神和实践能力为重点的专门人才是应用型院校天然使命

应用型本科院校重在“应用”二字，应以时代精神和社会发展要求的教育观为先导，在深化高等教育改革的时代背景下，改进教育方式方法，更新教学内容和结构，完善教学环节和课程体系，全面提高教师的教育教学水平，注重培养学生的实践创新能力。结合我国应用型本科院校在创业人才培养方面的创新与实践，总结诸多经验教训，调整教育改革思想观念，推动人才培养的战略性转变，培养满足社会需求的创新创业型人才，就学校自身来讲，应该从教育观念、教育方法、师资队伍、校园文化、教育资源等多方面来进行调整和改良，将创新创业教育渗透到人才培养计划的全过程中，潜移默化地培养学生的创新创业精神，激发创新创业意识，提升创新创业能力，充分发挥学生的主观能动性作用，考虑到个体差异，尽可能地进行因材施教，保证创新创业人才培养的质量。可以说，应用型本科院校转型之路与应用型院校开展创新创业教育改革不谋而合、相得益彰、相容互补、包容共济。

应用型院校承担着以培养创新精神和实践能力为重点的专门人才的教育任务，其主要载体或途径在于加强实践性教学，因此校企合作对于培养创新创业型人才有着至关重要的特殊意义。依据国内外成功经验和应用型院校的实际情况及高等教育改革的发展趋势，着眼于地方经济，正确看待教育与经济、文化、政治之间的关系，根据地区实际情况选择最佳路径成为本书研究的重点。应用型本科院校创新创业型人才培养的基本路径主要有以下几种。

（1）“专业创业教育”，将创业教育课程当作公共课或者选修课，学生可以根据自身的兴趣，在学习本专业的基础上，学习创业教育基础知识，从而对创业教育有更多的了解，自然形成创业的意识和好奇心，并主动学习创业相关信息，逐渐形成创业思维和创业能力。

（2）“创新创业教育融入专业”，将创新创业思想和创业知识渗透到专业课程中，可以通过教学内容进行创新创业教育，也可以运用启发的教学手段进行创新

创业教育，或者运用文化环境的熏陶来进行隐性的创新创业教育，使学生发现专业与创新创业之间的切入点，增强对创新创业教育的理解。

（3）“专业的创新创业教育”，针对有创业意向或者创业类专业的学生，进行系统的创业教育，从课程设置到师资配备，就是为不同创业需求的学生量身定制创新创业教育计划，有计划地构建知识体系，采用多样的教学方法和多元的教学手段，运用灵活的培养模式，达到预计的教育效果。

（4）“理论实践的创新创业教育”，依据现有的专业要求，在实践环节融入创业教育，使学生在实践的过程中，主动地形成创业意识，通过教师的技术引导，学生能独立地去尝试创业；通过技术的积累，逐渐增强创新创业能力，运用理论教学和实践教学的紧密结合，提高学生的创业综合素质。

二、应用型院校创新创业型人才培养路径的比较

1. 四种路径比较

下面对“专业创业教育”“创新创业教育融入专业”“专业的创新创业教育”和“理论实践的创新创业教育”这四种路径进行分析比较。“专业创业教育”路径将创业教育完全独立出来，有科学的知识构架，便于学生创业知识的积累，但作为公共课和选修课不能引起学生的足够重视，加之受到非专业课的局限，课程安排不够紧密，学时较短，更多的是以大课的形式进行课堂教学，创业型人才培养效果不明显。“创新创业教育融入专业”路径将创业教育融入各专业的培养过程，将创新创业教育进行普及推广，使更多的学生接受双创教育，由于缺乏系统性，学生很难构建系统的知识体系，虽然在一定程度上培养了学生的创业意识，但仅仅是一种创业观念的传播，不能真正用于创新创业型人才的培养。“专业的创新创业教育”路径将创业教育作为一门专业课，体系较为完备，以培养学生创新创业精神为核心，运用多样的教学方法，围绕经营和管理能力对学生进行专业培养，虽然这样的培养强化了学生的创业理论基础，但由于接受专业创业教育的人群较少，缺乏实践教学，学生很难进行真正意义上的自主创业。“理论实践的创新创业教育”路径主要体现在实践环节上，专业的理论知识和亲身实践教学衔接紧密，构建了理论和实践一体化的培养路径，增强了学生的创业能力，提高了学生的创业素质，促进创业型人才的深入培养（吴婷，2014）。

2. 应用型本科院校转型期应用型人才体系建设路径

应用型本科院校应用型人才体系建设，主要开展学科专业建设、课程和教学体系建设、教学支持和保障体系建设三大系统工程。

首先，强化以应用型人才培养为导向的学科专业建设。既要转变“强理论探究、弱实践应用”的普通本科院校学科专业建设的思路和做法，依据地方本科高

校的实际能力和人才培养定位，把学科专业建设的重点放在实践应用上，把学术研究转向知识的开发和应用性知识的转化上；又要转变以“学科专业知识”为中心、强知识弱技能的传统学科专业建设模式，把“知识”传授和运用知识的“技能”培养结合起来，凸显学科专业建设的知识应用性价值和目标；还要转变单纯满足市场需求的学科专业建设的模糊认识，强调学科专业建设服务社会发展需要，以应用型人才培养统领高校学科专业的调整、改组、重组或创建等系列工作。

其次，强调以应用型人才培养为目标开展课程和教学体系建设。在课程体系建设上，转变以学科专业理论知识为中心的课程体系，打破“强理论、轻实践应用”的课程设置的框架，搭建以应用型人才培养为目标的专业基础知识、知识开发应用、素质拓展和实践技能训练一体化的四大课程体系平台，加强科学与技术、知识与应用、创业与生涯规划等模块化课程群的建设，把应用型人才培养真正落实在课程体系建设中，确保应用型人才培养的基本规格和多样化、个性化发展，增强学生的社会适应性和职业方向意识。在教学体系建设上，要围绕应用型人才培养目标，突出教学内容的应用性；加大实践教学，加强校内外实习、实训，形成教学、实践、培训一体化的应用型人才培养机制，以实践性应用性课程安排学生实习、实训，把理论与实践在实习实训中真正结合起来，培养学生知识应用、知识转化和技能操作等实践应用的能力。

最后，以提升应用型人才培养质量为指导强化教学支持和保障体系建设。教学支持和保障体系，主要包括“双师型”教师队伍建设、实践基地建设和校地合作平台建设、人财物投入制度和政策建设、质量监控和质量标准体系建设等方面。在教师队伍建设方面，加大“双师型”教师队伍建设力度；加强基地建设和校地合作平台建设，是地方高校应用型人才培养的重要手段和途径，也是地方高校融入、参与和服务地方社会发展的有效路径和长效机制。地方本科院校必须科学设立区分建设品牌类学科专业、重点类学科专业、强化类学科专业以及精品类课程、优质类课程等，以便制定配置方式和相关政策；强化高校自身质量监控，建立动态质量监控机制和体系，成立质量监控机构、制定质量评价指标体系，有组织、有制度、有指标地开展应用型人才培养的质量监控。

3. 应用型本科院校创新创业教育路径选择

创新创业型人才是具有创新精神和创业能力，且能够发现创业机遇不怕冒险的人，而创业是创新精神的一种行为化体现，那么实践环节必不可少。应用型本科院校以培养技术应用能力为主线设计学生的知识、能力、素质结构和培养方案，在重视教学创新的基础上，将理论教学和实践教学共同推进，加强对人才培养模式的构建，确立创新创业人才的培养路径，直接影响着应用型本科院校创新创业型人才的基本素质。有能力把理论知识实践出来，转化为创新创业行为的人，才是应用型本科院校要培养的创新创业型人才。显然“理论实践的创新创业教育”

路径更适合用于应用型本科院校创新创业人才培养，而这种理论加实践的教育模式，可以通过政产学结合体现出来。

政产学相结合更灵活地适应了市场需要，在学生接受一定的专业理论基础之上，利用更多的教学资源和多种实训形式，让学生在实践中运用所学理论、掌握操作技术的同时增强学生的创新创业精神和能力。政府根据市场需求对校企合作进行宏观调控，调整高校教育结构，促进校企合作的正向发展。学校通过政府和企业的支持与合作，为学生提供更多的实习平台，增强学生的实践能力，在整个教学中帮助学生强化对书本知识的理解，提升实际工作中的操作技能。同时，还真正从解决实际问题的角度挖掘探索更多的研究课题，为获得全面、科学的研究数据，为以后的理论发展奠定基础。

应用型本科院校应该大力开展“政产学”合作的教育模式，凭借与地方企业的传统合作关系，把本土经济文化和学校优势专业结合起来，采取多种方式，通过多方面的同心合作打破高等教育的四面围墙，在不同领域架起桥梁，用发展作为纽带，逐渐形成以“政产学”为体系的产业链，加强与国内外企业和组织的合作，使学生的实训效果和人才培养质量不断提高。

三、应用型院校“政产学”三位一体创新创业型人才培养协同实施路径

“政产学”合作对提高人才培养质量，提升学校社会影响力和形象具有重要作用。政产学即政府、企业和学校三者的合作关系，通过三个不同层面体系的合作，共同探索一条创新创业型人才培养路径。应用型高校通过深刻领会国家政策精神，明确使命担当；转变教育观念，重构课程体系建设；联手行业、企业，对接职业标准；拓宽引入渠道，提升师资力量配置；争取国家和地方政府政策扶持、吸引企业资金支持、优化聚合院校内部资源，建立完善创新创业教育管理平台，优化设计课程教学平台，整合搭建实践实训平台，强化推进科研创新平台，通过课程、实践和科研的协同推进，为创新创业人才培养提供全方位的教育支持，提高学生的实践能力，全面提升学生的综合素质；加大与龙头企业、中小微企业、科研院所等多方协同，打造产学研用紧密结合的众创空间，吸引更多科技人员、教师和学生投身科技型创新创业，促进人才、技术、资本等各类创新要素的高效配置和有效集成，推进产业链创新链深度融合，在创客活动中提高创新创业者的专业素质和能力，培养更多适应经济转型升级的创新人才；挖掘大学科技园区丰富的创新创业教育资源，用好高校开展创新创业教育这一内在“绿色通道”。

在创新创业型人才培养过程中，要注重调动企业的积极性，发挥政府的主导作用，转变学校旧的教育理念，鼓励学校开放教育思想，三方致力于创新创业型人才培养的共同目标，全方位、多渠道、深层次促进政产学合作，努力实现社会、学生、学校和企业共赢局面。

在教育与政治经济制度的相互作用下，人才培养的要求也在不断地发生变化。

对于应用型本科院校来讲，在学生动手实操的能力、艰辛务实精神上，相对于高职高专院校没有绝对的优势，在教育资源、生源力量、科研能力等方面相对于国家重点扶持高校及研究型大学也有一定差距。其作为我国本科人才培养的主力军具有其特殊性，具有明显的“应用性”特点，既要重视理论基础，又要具备专业技能，在实际的工作中，掌握理论和技术的同时，具有一定创新精神和创新能力，在就业、创业、政产学研合作方面有着研究型高校和职业类院校难以比拟的优势。因此，应用型本科院校要以市场需求为导向，调整以创业型人才为基础的新的培养目标，发挥好优势资源，深化教育改革，实施好“双创”教育，推进院校转型。

（1）把提高人才培养质量作为发展核心任务。践行教学以学生为本，办学以教师为本的管理理念，坚持“育人为先，教学为要，科研为基”的指导原则，打造教师教育学科专业优势，开展应用型人才培养教学研究，促进教学与科研的深度融合，产出一批围绕应用型人才培养的优秀教学成果，促进学生学科专业知识、专业能力和综合素质协调发展，提高应用型人才培养质量。

（2）启动新一轮人才培养模式改革。推行“三位一体”应用型人才培养模式，创新专业教育与社会教育、产业教育融合的育人机制。其内涵主要包括：从人才培养规格上讲，融“科学基础、实践能力、人文素质”为一体；从人才培养内容上讲，融学生的“通识教育、专业教育、技能训练”为一体；从人才培养途径上讲，由现行的融“课堂教学、实验实训、校园文化”为一体，拓展到融“学校教育、社会教育、产业教育”为一体；从课程设置上讲，融“学校课程、社会课程、行业岗位课程”为一体；从师资队伍上讲，由现行的融“新生班主任导师、科研导师和考研导师”为一体，拓展到融“学校双师型教师、社会各界成功者、企事业专才技术能手”为一体；从培养方法上讲，融“学校课堂、企事业课堂、网上课堂”为一体；从评价体系上讲，融“自我评价、政府评价、社会评价”为一体。

依据“三位一体”人才培养模式的内涵，推进实施“学用与研教融合，校站地合作”的“三位一体”师范生培养模式和“产教融合，校政企合作”的“三位一体”非师范生培养模式。人文、理工、艺术大类依此原则，制定分类培养模式，精细化设计专业培养模式。

以人才培养模式创新为导向，促进科研与教学互动，及时把科研成果转化为教学内容，把解决行业企业问题作为课程教学的着力点，促进教学内容与生产流程相衔接。重点实验室、研究基地、校企合作平台向学生开放，支持学生参加校内外教师主导的教学研究、应用科学研究活动，促使学生早进课题、早进实验室、早进团队，为大学生创新创业孵化高水平项目，为大学生参加国内外科技竞赛、专业技能大赛做好知识能力储备。

（3）强化教师教育特色。坚持做优做精教师教育，适当控制师范生办学规模，进一步提高师范生人才培养质量；创新师范生人才培养模式，优化课堂教学内容，改进教学方式，拓展实习基地，搭建实践平台，构建更具特色的课程体系，强化师范生人才培养特色;加强师范生现代教育技术技能培养和实践运用能力的提升,根据中小学课程改革、教学方法改革、教学手段改革、学习方式的改变等特点,建立模拟中小学课程教学的实验平台,实现基础教育与高等教育之间的自然衔接;根据教育行业和学校实际需求,确定师范生培养基本质量标准,坚持将科学基础扩容、实践能力提升、人文素质提高作为重点,培养功底扎实、吃苦耐劳、勤奋进取、服务基础教育的应用型、复合型人才。

(4)开展面向区域、面向职场的专业教育。探索面向区域、行业的本科专业类教学质量标准、人才质量标准。实施一教双证教学,学生毕业即获得毕业证书和企事业岗位培训证书或创业培训证书,把学生考取行业从业资格证书作为学校教学单位的重要任务,并纳入考核。着力优化专业结构,充分利用社会资源,改造部分传统专业。适当调整和增加面向区域经济社会、服务新兴产业的专业方向。建立专业交叉融合机制,培养一专多能人才。建立专业设置、预警、淘汰退出机制,推动专业管理创新,增强专业教育对学生需求和市场需求的适应性。

(5)重构课程体系。以社会发展和产业技术进步驱动应用型人才培养课程体系设计和课程内容改革,深化教学实践体系建设,努力建设培养应用型人才的课程系列模块。全面审视课程结构、课程内容和学时比例,加强实验、实训、实习环节,增加专业方向课程、创新创业课程、行业应用课程和企事业岗位课程,使实践教学课程比例不低于30%。建设更符合社会发展需要、更符合学生发展需要的课程体系。

(6)大力推行学分制。积极推行学分制,积极推行选修课和弹性学制,探索学分管理与合作高校学分互认制度,逐步实现与国内外合作院校学分制接轨和学分互认,更好适应经济社会发展对人才的多元化需求。

(7)创新课堂教学。制定课堂教学改革方案,以思维训练为核心,以推行讨论式、探究式、行动式、混合式教学和案例教学、任务型教学、项目教学等教学方法为主,推进教学模式转型。积极引入慕课、微课和网络资源,在教师主导下,翻转课堂内外教学内容,开展混合式学习。充分利用社会资源,促进创新创业实践教学平台的共建共享。积极引进行业、企业实践教学方法,把企业技术革新项目作为人才培养重要载体,把行业企业一线需要作为毕业设计选题来源和创新创业教育培训内容。

(8)实施创新创业教育项目驱动。认真贯彻落实《关于深化高等学校创新创业教育改革的实施意见》,构建协同育人机制,组建优秀师生团队,实施大学生创新创业教育“双百计划”,即每年完成100项大学生创新创业计划项目,每年立项100项大学生实体创业项目,两类200个项目参与学生每年不低于8000人,有效实现面向全体开展创新创业教育。将创新创业教育融入人才培养全过程,将专业教育和创业教育相结合,提升人才对社会经济需要的适应度。

（9）发挥创新创业大赛引领作用。积极组织师生参加科技创新大赛、“互联网+”大赛、创客中国大赛及其他各类创新创业大赛，通过大赛引领师生调整方向、凝聚力量、优化团队开展创新创业活动，为“双创”工作起到示范作用。

（10）改革考试评价方法。修订学籍管理实施细则，改革毕业资格审定条件和考试考评方法。建立学业考核全程化、评价标准多元化、考核方式多样化的学业考评新体系。注重考核学生运用知识分析问题和解决问题的能力，突出考试评价对学生能力培养的作用。

（11）建设先进教学文化。牢固树立管理是为教学和学生服务的理念，把人才培养放在首位。构建规范管理的制度体系和教学文化环境生态。制定各种有效措施，激励教师热爱教学、崇尚教学、研究教学、革新教学，促进教职员工把“老师是第一身份、上好课是第一要务、关爱学生是第一责任”的价值追求转化为行动实践。定期开展中青年教师教学基本功竞赛和教师实践应用能力与创新设计能力竞赛。

（12）注重现代教育技术与教育教学的深度融合。实施“大学课程+互联网”发展计划和“教师发展+互联网”“学生发展+互联网”专项计划，将现代信息技术全面融入教育教学改革，推动信息化教学、虚拟现实技术、数字仿真实验、在线知识支持、在线教学监测等。通过校校合作、校企合作联合开发在线开放课程，实现人才培养方式全面改革，形成创新创业教育线上生态圈，如图 3.2 所示。

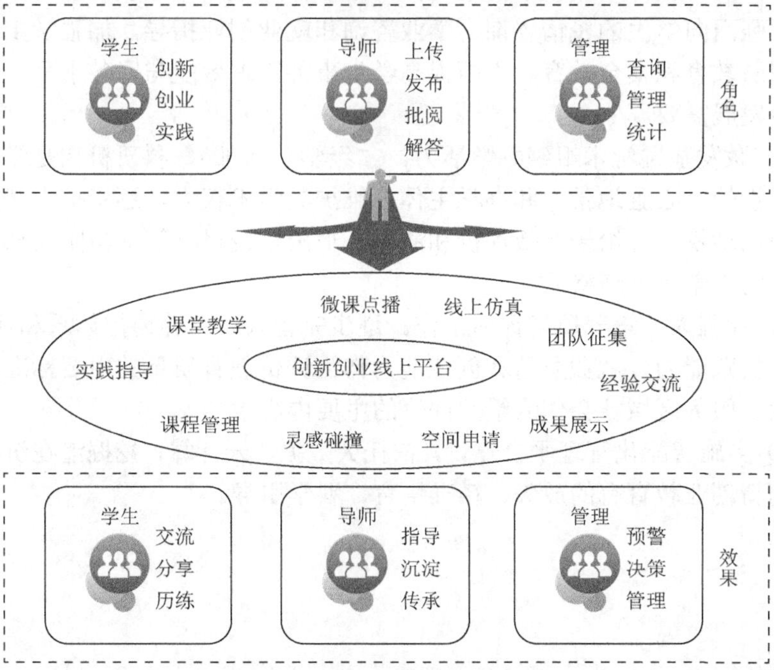

图 3.2 创新创业教育线上生态圈

（13）探索新形势下继续教育发展途径。发挥学校教育和文理基础学科专业优势，发展继续教育，提高办学效益。整合成人继续教育资源，建设继续教育网络课程。积极构建成人教育、职业教育和本科教育、研究生教育、中外合作办学相衔接的学习体系，适应建设学习型社会要求。大力发展面向重点行业领域的岗前职业资格认证培训和职后继续教育培训。

（14）开展校政合作、校企合作协同育人。构建省市共建，校企合作育人机制。积极构建“校政共建”机制，推动地方政府研究制定校企合作、校校合作促进办法，制定出台相应优惠政策，创新合作办学、合作育人、合作就业、合作发展办学模式。按照工学结合、产教融合、知行合一要求，根据区域经济社会生产、服务的真实技术和流程构建知识教育体系、技术技能训练体系和实验实训实习环境。积极引进企业科研项目、生产基地到学校，建立校企一体、产学研一体的实验实训实习中心。统筹各类实践教学资源，积极构建功能集约、资源共享、开放充分、运作高效的专业大类和交叉专业类实验教学平台。鼓励教师和学生参与企业科技创新活动，加速科技成果在企业中推广和应用。

（15）营造学生全面成长的良好氛围。重视学生学习能力的培养，支持和奖励勤奋学习的学生。培养学生服务国家人民的远大志向、坚定的创新创业精神和理论联系实际、善于解决问题的实践能力，促进良好学风的形成。深化思想政治理论课改革，充分发挥课堂教学主渠道作用，加强大学生思想政治教育。创新工作机制，加强面向学生的校情咨询、学业咨询和就业创业指导，加强学生心理健康教育、国防教育和安全教育。不断提高学生事务管理效能与服务水平，最大限度满足学生发展需要。

（16）激发基层学术组织办学活力。二级学院（部）、科研机构是学校学科专业课程建设的“心脏地带”和办学主体，维护其学术权力，逐步扩大其办学决策权和资源调动权，并给予有效评价和激励，形成学校目标管理与院（部）自主管理相结合的教学管理新格局。

（17）加强人才培养质量评估工作。逐步完善人才培养内控体系和评估制度，将学习者实践能力、就业质量和创业能力作为评价教育质量的主要标准，将服务行业企业、服务区域社会作为绩效评价的主要内容。

（18）实施智能化管理平台建设，依托大数据、云计算，挖掘潜在沉淀数据资源，让创新创业教育有的放矢、精准培育、科学引导。

第四章　应用型院校创新创业教育体系构建解读

应用型本科院校作为面向区域经济，以培养适应社会需求、具备创新创业精神的高素质应用型人才为目标的高校，开展大学生创新创业教育具有非常重要的意义，不仅有利于推动学校自身发展，而且是学校达成人才培养目标的必要条件之一。

笔者通过调查问卷、文献查阅、国内外比较研究等方法，结合应用型院校定位和国家对大学生创新创业教育要求，探索应用型院校“双创聚能环”教育模式，认为应用型院校应面向院校所在地方经济发展、行业和市场需求，立足应用型院校功能定位，建设集科学研究、教育教学、职能管理为一体的创新创业教育学院担当“双创”母体，承载师生创新创业教育活动，形成全面服务创新创业教育的“一个主体、两个核心、多维联动”的全链条培育模式，如图 4.1 所示。

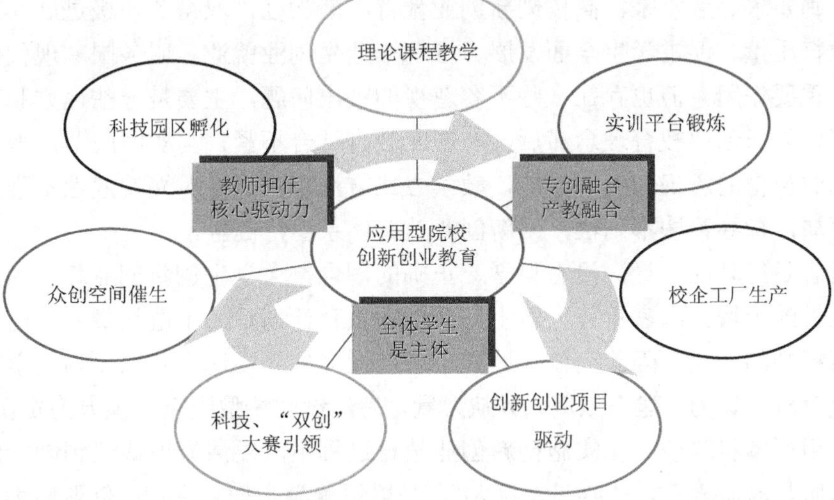

图 4.1　应用型院校创新创业教育的“一个主体、两个核心、多维联动”培育链条

一个主体：全体学生是创新创业教育活动的成员主体，应用型院校要用好中央省市政策、营造“双创”氛围，由学校创新创业教育领导小组统筹安排，学校创新创业学院负责整体推进“双创”教育活动，充分调动激发广大学生参与“双创”教育活动的积极性，催生广大师生从事学习、科研、生产的创新性，确保广大学生在创新创业教育活动中发挥好主体能动性。

教师是核心驱动力：实施“外引内培加联合”师资发展计划，加强创新创业教育师资力量，完善教师考核体系，最大限度调动广大教师从事创新创业教育活动的积极性，催生高校开展创新创业教育核心驱动力。

产教融合、专创融合是核心根基：开展创新创业教育，不能撇开专业、离开行业、偏离产业谈教育搞活动，不能为了创新而创新、摆花架子不管实效。应用型院校必须时刻围绕增强服务地方经济发展能力、服务行业企业技术进步能力，紧密结合地域产业行业发展，实行产业链、创新链并轨，促进学科专业课程教育与创新创业教育无缝对接、有机融合，要避免目前大多数情况下融合度不高、合作解决问题的深度不够、合作共赢的黏合力不强等现象，打牢核心根基，让“双创”教育落地有声、花开有果。

第一节　建设创新创业学院，打造“双创”母体

一、“双创”学院指导思想

党的十八大对创新创业人才培养作出重要部署，国务院对加强创新创业教育提出明确要求。近年来，高校创新创业教育不断加强，取得了积极进展，对提高高等教育质量、促进学生全面发展、推动毕业生创业就业、服务国家现代化建设发挥了重要作用。但也存在一些不容忽视的突出问题，主要是一些地方和高校重视不够，创新创业教育理念滞后，与专业教育结合不紧，与实践脱节；教师开展创新创业教育的意识和能力欠缺，教学方式方法单一，针对性实效性不强；实践平台短缺，指导帮扶不到位，创新创业教育体系亟待健全。

理念是行动的先导，没有科学、正确的理念，大学生创新创业教育的实行就缺乏成长的土壤。国家实行大学生创新创业教育计划是为了造就最具创造性、最有创新精神的一代，因此高校、地方政府及社会各界要达成共识，为大学生创新创业教育凝心聚力、建言献策、贡献力量，为建设创新型国家提供人力资源保障。作为应用型本科院校，在实施创新创业教育过程中，要清醒地认识到创新创业教育的本质是素质教育，核心是“育人”，是以培养学生创新意识、创业能力、实践能力为目标，最终是对学生综合素质的培养。

笔者认为应用型本科院校转型发展和创新创业教育开展都是我国实施创新驱动发展战略中重要的环节，是这类院校当下深化教育改革、履行好创新创业型人才培养职能必须做而且必须坚持做好的核心任务，应用型院校应以深入开展创新创业教育为抓手，深化教育改革深度和广度，推进院校应用型转型升级，两者相辅相成、琴瑟和鸣。当前，高校创新创业教育深化改革取得一些成绩、发展势态

良好，但在经历了从无到有、从少到多、从隐性到高调等初期阶段后，向深层次方向发展时，暴露出了一些问题、遭遇了瓶颈。特别是学科建设方面相对滞后，创新创业教育学科建设是一项系统工程，既需要围绕大学生就业难等重点难点问题进行深入研究，也需要对事涉长远大计的学科建设问题进行整体规划和设计，为高校创新创业教育确立坚定正确的价值取向，明确学科边界和主体领域为科学体系和模式的构建夯实基础，加强平台建设和人才培养。而且，学科化更是明确一线工作者和专业教师学科“归属感”，促进“学术职业”发展的有效载体（王占仁，2016）。

二、“双创”学院培养目标

实施创新创业教育，目的是希望受教育者得到什么转变？这是开展教育前首先要明确的问题，也是设置课程体系的重要依据。应用型本科院校是以培养高素质应用型人才为目标的，而社会对高素质人才创新性内涵要求越来越高。可见，作为应用型本科院校，在制定创新创业教育课程时，应根据社会发展的要求，从结合学科专业培养和学生身心发展需求的角度出发，以专业教育为基础，将创新创业教育融入学科教育和专业教育中，培养既精通专业，又具有创业创新能力，以及解决复杂的综合问题能力的人才。在制定课程时充分考虑学生的专业特性、思维特征、个性特点，同时也应转变传统的授课方式，提升学生的课堂主动性和参与性，切实提升课堂效率。此外，创新创业教育还要具有国际化的眼光，设立的课程要与国际化发展、时代的进步和社会的发展相结合。

三、“双创”学院功能界定

国务院没有对创新创业学院应该属于哪个部门、应该由谁牵头来做作出明确的规定。从样本院校调研数据来看，有的高校由教务处负责，有的高校由创业就业处负责，有的高校由团委负责。目前，各应用型院校都在积极推动创新创业教育的培训、实践和服务工作，但推动主体大都是挂靠关系，要么侧重于学生素质教育，以第二课堂形式挂靠在团委；要么倾向于解决就业压力、拓展就业途径，挂靠在就业处；要么重视选修课程开展，挂靠在教务处。这种挂靠式推进创新创业教育展开方式，虽也有多个部门参与，但零散发力，缺乏有效整合和有机对接，其结果是费力大、成效小，未能达到预期效果，实现最初期望。因此，建议应该把高校创新创业教育上升到高校进行教育改革战略层面，应加强顶层设计与资源整合相统筹的组织保障体系，成立创新创业教育领导小组，由党委书记、校长担任组长、副组长，统筹校内力量，打破部门壁垒，加强科技处、教务处、学生处、团委、就业处、人事处、各二级学院之间协调发展、聚心合力，领导小组下设集

“科、教、管”为一体的实质性部门——创新创业教育学院，承担“双创”教育科学研究功能、教育教学功能、职能管理功能。

1. 科学研究功能

“双创”学院在聘用专职教师的同时，采用专兼职相结合的方式在全校范围内聘请长期从事“双创”教育和教育学、心理学、法学、经济学、管理学、计算机学科等相关学科专业的教师，研读中央省市有关高校创新创业教育政策性文件，分析学校自身特点，研判学校大学生创新创业教育工作态势，展开“双创”教育科学研究、教育教学研究，为“双创”教育科学实施、长效发展保驾护航。

（1）要深层次展开创新人才培养机制研究。创新创业教育必须走出“表层教育”的初级阶段，全面推动高校教育教学改革，构建创新创业教育体制机制。以这一思想为指导，要求在实践中丰富“融入人才培养全过程”的科学载体。

创新创业教育要在纵向上贯穿学生在校学习的全过程，实施高校毕业生就业和重点产业人才供需年度报告制度，完善学科专业预警、退出管理办法，探索建立需求导向的学科专业结构和创业就业导向的人才培养类型结构调整新机制，促进人才培养与经济社会发展、创业就业需求紧密对接。深入实施系列“卓越计划”、科教结合协同育人行动计划等，多形式举办创新创业教育实验班。高校要打通一级学科或专业类下相近学科专业的基础课程设置，开设跨学科专业的交叉课程，探索建立跨院系、跨学科、跨专业交叉培养创新创业人才的新机制，促进人才培养由学科专业单一型向多学科融合型转变。

创新创业教育要在横向上打通学校教育、家庭教育和社会教育的各个环节；不仅立足于高校自身，更立足于经济发展方式转变的现实需求；不仅基于创新创业教育本身，更要从“大创业教育观”出发，实现“课内课外相衔接、教育实践一体化”，着力促进全体学生创新创业素质的训练和提升。在此过程中要推动高校与政府和企业的沟通、联系，探索建立校校、校企、校地、校所及国际合作的协同育人新机制，建立健全知识资本化、创新商业化的科学路径，积极促进和努力形成大学在新经济中的中心地位，形成大学-企业-政府“三螺旋”关系，积极吸引社会资源和国外优质教育资源投入创新创业人才培养，全面推动高校创新创业教育深入改革（王占仁，2015）。

（2）要探索研究创新创业教育课程体系。创业管理技能与技巧知识，涉及研发、生产、管理、营销、物流、财务、股权、融资等领域知识，涉及面比较广、涵盖领域比较多，同时教育部没有对创新创业教育课程体系作出明确规定，因此国内高校创业学院没有成熟完善的创新创业教育课程体系，创新创业学院要深入挖掘学校自身特点，结合所处地域现状，探索研究创新创业教育课程体系建设，构建面向全体学生的创新创业通识教育+面向学科专业分类的专业融合教育+面向不同兴趣点和需求的创新创业专业服务培育，为实现“大众化”培养、“学科化”实施、“专业化”培育做好课程体系顶层设计。

2. 教育教学功能

“双创”学院要根据人才培养定位和创新创业教育目标要求，加大通识教育“大众化”普及度，提升全体学生创新精神和创业能力；强调专业教育与创新创业教育融合度，杜绝“两张皮”现象，挖掘和充实各类专业课程的创新创业教育资源，在传授专业知识过程中实现创新创业教育。

（1）面向全体学生，开设研究方法、学科前沿、创业基础、就业创业指导等方面的创新创业教育通识课程作为必修课和选修课，纳入学分管理，建设依次递进、有机衔接、科学合理的创新创业教育通识课程群；面向不同学院不同学科，开设本专业应用型创新创业教育课程、本学科交叉专业应用型创新创业教育课程、交叉学科应用型创新创业教育课程，要构建依托学科专业创新创业教育专业融合课程群，达到m（群课程数）∶n（学生数）不小于1/10，实现导师制网络状布局，让学生可以在足够宽泛的兴趣点选择学习。

（2）教学形式要多样化，要充分发挥好课堂、实验室、研究中心、实训中心、实习单位、众创空间、大学科技园、外联公司/工厂各种场所优势，结合课程教学需要，有选择性地组织教学活动。

（3）要加快创新创业教育优质课程信息化建设步伐，推出一批资源共享的慕课、视频公开课等在线开放课程。建立在线开放课程学习认证和学分认定制度，实施精准管理，切实掌握学生受教育程度和受益度。

（4）组织学科带头人、行业企业优秀人才、骨干教师，联合编写具有科学性、先进性、适用性的创新创业教育重点教材。

“双创”学院按照“分层次、分阶段、分学科”开展“大众化、学科化、专业化”教育教学。第一层次，面向全体学生开展通识课程教育，进行“双创”“大众化”教育，培养大学生创新创业意识和创业能力。第二层次，与各二级学院全面结合，深化“双创”教育与学科专业融合，将“双创”教育嵌入各个学科，分专业实施学科化培养、分阶段进行大学四年全过程培养、分群体实行差异化培养。第三层次，面向有明确创新创业意愿的学生，通过提供“专业化”创新创业服务，拓展“双创”教育深度和广度。所谓“专业化”创新创业教育服务，就是为创业阶段的大学生进行创业所需的“保姆式”服务，开设专门的系统课程、组建专业的师资团队、配置对口的导师群、寻找与创业项目紧密相关的企业“结对子”、对接投融资平台，通过小团队课堂教学、案例研讨、实地考察、导师点评、大赛驱动等方式，形成理论与实践相结合的教学方法体系；发挥众创空间、创新创业园区等“双创”聚集地“驿站”作用，为初创团队、企业“扶上马送一程”，帮助其顺利渡过企业初创期，走向正轨；加大大学科技园区纽带作用，探索优化其与母体高校在培养创新创业型人才和推进科技成果转化等方面的联动效应和互补机制，借力大学科技园综合的集成创新创业优势，充分发挥其在高校创新创业教育过程中与生俱来的协助、补位、推动功能，拉长完善“双创”教育链条，推进高校创新创业教育建设步伐。

3. 职能管理功能

形成由领导小组牵头、以“双创”学院为主、其他职能部门联动、各二级学院紧密支撑的四级管理体系，负责创新创业教育政策制定、“双创”科研项目设立、“双创”教育教学项目管理、环境营造、经费保障、监督考核、导师团队建设、专职教师管理、活动开展和组织工作。

第二节　加强创新创业教育师资建设，提升核心驱动力

培养大学生创业能力、提高大学生创业素质、激发大学生创业激情都离不开教师的教导。《国务院办公厅关于深化高等学校创新创业教育改革的实施意见》中提到要抓好 9 项重点任务，其中之一就是各高校要明确全体教师创新创业教育责任，完善专业技术职务评聘和绩效考核标准，加强创新创业教育的考核评价，配齐配强创新创业教育与创业就业指导专职教师队伍，并建立定期考核、激励制度；聘请知名科学家、创业成功者、企业家、风险投资人等各行各业优秀人才，担任“专创融合课”“产学结合课”“创新创业通识课”等三课授课教师或指导教师。将提高高校教师创新创业教育的意识和能力作为岗前培训、课程轮训、骨干研修的重要内容，建立相关专业教师、创新创业教育专职教师到相关企业挂职锻炼制度。加快完善高校科技成果处置和收益分配机制，支持教师以对外转让、合作转化、作价入股、自主创业等形式将科技成果产业化，并鼓励带领学生创新创业。

一、“应用型”培养模式下教师的素质要求

应用型本科院校是为社会的各行各业培养具有应用性、实践性的高级科技人才，因此教师应具备较为综合的素质和能力，从某种意义上来说，教师的素质和能力高低决定了应用型本科院校能否走“质量”提升的道路。教师的教学和研究能力将直接影响教学水平的高低，决定学生能否掌握扎实的理论和具备较强的实践能力；同时，应用型本科院校旨在培养一支面向市场，既有深厚的理论基础又具备较强的实践能力的应用型人才队伍的目标，也决定了应用型本科院校教师的角色定位，要培养什么样的学生，首先要有什么样的老师。

总体来讲，应用型本科院校的培养模式决定了应用型本科院校的教师应具有“双师型”特点，而且不同于高职高专院校的“双师型”教师，因为应用型本科院校的专业教师也应具有科研能力，关注科研的实用性和实践性，科研主要集中于应用研究和开发研究。也就是说，应用型本科院校的教师除了要具备普通高校教师的基本道德素质和专业素质外，还应该具备实践能力、应用能力和创新能力，不仅要会教、会做，还要会研究，这对教师的素质和能力提出了挑战。

根据以上所说，应用型本科院校的教师素质是由人才培养目标和培养模式决定的。在“KPI”绩效考核的实施原则之下，应该关注应用型本科院校的教师最为关键的素质（刘珊珊，2017）。邢赛鹏（2015）指出，应用型本科院校的教师应该是“双师型”教师，具备相应的素质和能力：较为扎实的专业理论知识和较高的理论教学水平；较为高超的实践操作能力和实践教学指导能力；应用研究转化能力和应用技术教学能力。将两者对接起来的路径，如图4.2所示。

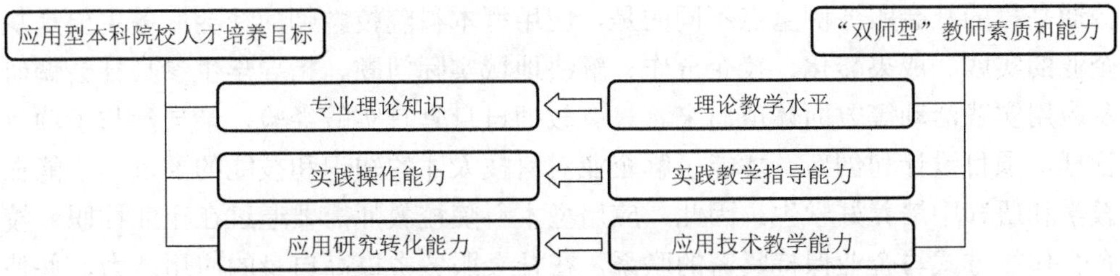

图4.2　应用型院校人才培养与“双师型”教师能力衔接关系

由此分析，可以清楚地看到应用型本科院校教师的工作任务主要是教学、研究和社会服务，这与普通高校教学的教师的工作任务从表面上看是一样的，但其实在目标要求上有着本质的区别。具体来说有以下几方面。

（1）教学——理论与实践教学并重。应用型本科院校是定位在“教学型”的高校类型，不过与普通高校偏重理论教学不同，应用型本科院校的教学是理论与实践并重。无论是教学计划、教学资料、教学进度，还是教学方法、教学态度，应用型本科院校的教师与普通高校的教师一样，需要有充分的理论知识的储备和学习，并做好教学的一切准备，以求学生在学习中能够更好地掌握和理解知识。同时，考虑到应用型本科院校的特殊性，为了培养学生的应用能力，实验课、实习指导、毕业论文指导、指导学生各类比赛等将成为教师的重要工作任务，需要保证一定的课时数。而且，教师在教学内容上也更为注重理论与实际的结合、产教融合等；教学方法上，尤其是实践教学中，不应只扮演“教”的身份，而应该采用多样化的教学方法，与学生互教互学，让学生在理论学习和实践操作中，能够锻炼思考能力、解决问题的能力，让学生具备自我学习、自我生存的能力。

（2）研究——重视应用研究的转化。应用型本科院校教师虽然与研究型、学术型高校教师一样需要进行学术研究，但是应用型本科院校教师的研究更加重视的是应用研究的转化，即研究需要直接面向社会和市场的需要。一般来说，教师的研究任务是通过论文发表、科研项目、专著或译著发表、专利申请、科技成果鉴定及成果获奖、参加国际国内的学术会议等方面体现出来。应用型本科院校教师在研究过程中，不能仅仅关注“数量”，更要看重“质量”，即研究的实用性、应用性和转化能力，这就要求对教师的绩效考核进行有效的引导，在应用研究的转化方面有所侧重，从而引导教师在正确、有效的研究道路上前进，而不是继续在科研论文的数量较量中，生成一批质量低、转化能力差的科研成果。教师自身的研究重视应用转化，必定能将此原则应用到教学过程中，在应用技术教学中培养学生的研究转化能力。

（3）社会服务——面向社会的需要。应用型本科院校的办学定位在于面向社会和市场，因而社会服务应成为应用型本科院校教师的重要工作任务。而且，与普通高校的社会服务侧重点不同的是，应用型本科院校教师的社会服务主要是从企业的实践、成果转化、校企合作、解决地域实际问题、指导学生参与社会调研及应用实践活动等方面体现出来。只有教师自身具有实践经验，亲自参与了项目管理、项目设计和创新，才能了解企业对科技人才的知识和技能的要求，才能在教学和研究中培养好学生。因此，应用型本科院校教师需要通过在企业挂职、校企合作等方式与企业保持紧密的联系，在社会服务中提高自身的应用能力，并使理论水平加强。

二、师资队伍建设

创新创业教育是一门跨学科、跨领域的综合素质教育，涉及经济管理、工程技术、政府经济、创业投资、孵化管理等诸多方面，要求师资队伍的专业结构多元化。目前，我国大多数高校并没有专门的创新创业教育师资队伍，师资力量的匮乏是制约创新创业教育发展的重要因素，缺乏一支“数量足、理论精、实践强”的创新创业教育师资队伍是高校开展创新创业教育亟待解决的问题。

创新创业教育对教师跨专业、跨领域的要求比较高，高校普遍没有专职的创新创业教育教师，急需引进高素质的专职教师，但由于大部分应用型本科院校办学经费不宽裕，教师待遇不高，难以吸引优秀人才进校。对于这个问题，笔者认为可以采取“外引内培加联合”的手段。创新创业导师由校内教师为主转向校内外专兼结合互补，共同组建学术与实务相结合、创新与创业相结合的课程教师团队、创业导师团队和创投导师团队，建设管理好“创新创业教师”“创业导师”“创投导师”三支队伍，促进校内外、专兼职、学界和产业界在创新创业教育与实践的结合，推进协同创新培养创业人才。

（1）提高标准，坚持引进高校、科研单位的教育教学型、学术型高层次人才。应用型本科高校的发展离不开教学本位，离不开对教育教学的研究和实践。应用型高校的教师队伍在教育教学的研究与实践方向上存在一定的弱势，应制定优厚的高端人才引进政策，着力引进高校、科研单位的教育教学型、学术型等高层次人才，充实拔高学术型师资队伍，让这些擅于教学、长于研究、具有深厚学术修养的专家学者投入到对应用型本科高校教育教学的研究工作中，投入到对人才培养方案的制定工作，投入到对年轻教师的培养工作，投入到对专业创新融合、产教深度融合的研究工作，切实帮助提升地方应用型本科院校的教育教学水平和研究水平。

（2）完善政策，着力引进行业、企业的应用型高层次人才。地方应用型院校的发展特色在于“应用”，在于专业设置的应用型和人才培养的应用性。地方应用型本科院校的转型发展时间不长，应用型的师资队伍建设尚属起步阶段，能够承担创新创业教育与专业、行业深度融合的高层次人才更是匮乏。拓宽渠道完善人才引进政策，重点引进综合素质高、具有丰富实践经验的行业领军人才、企业高级管理人员、高技术技能型人才，让他们充分参与到专业建设、人才培养与产业行业对接过程，充分发挥其在理论联系实际、课堂对接产业的纽带作用。

（3）实行滚动机制，校企联合建立创新创业教育“导师池”。创新创业教育要求教师具有较强的实践能力，因此除加大引进专职教师担任“创新创业教师”外，还需要实行滚动机制，与院校所服务的地区、政府高新区，与院校主要学科专业所服务的行业、企业，关联的研究院所实验区、产业联盟等之间建立应用型院校创新创业教育“导师池”，实行滚动机制从社会各界聘请企业家、企业高层管理人员、核心技术人员、成功校友、创业典型人物等担任创新创业教育导师。用 m（导师人数和类别）：1（学生）的导师学生高配比展开指导，把企业的实战经验带进院校，把行业的技术前沿推向学生，把管理者的成功经验与学生分享、失败教训和学生共勉。总之，从应用创新的角度、务实的角度、创业实战的角度全方位指导学生。

（4）内部培优，建设创新创业教育师资中坚力量。要想在导师规模上长效解决“双创”师资问题，必须广泛调动学校现有教师力量，在校内选拔一批中青年骨干教师，对其进行创新创业教育知识技能、教学方法的培训。同时，有计划、有针对性地组织教师到对口企业挂职，学习企业的管理运作、产品研发、市场开拓等内容，体验创业过程，提高实践能力，培养既有理论基础又具有实际创业创新能力的“双师型”教师，使他们熟练掌握创新创业教育的基本方法和技巧，成为学校创新创业教育工作的中坚力量。

三、完善考评机制，激发导师核心驱动力

在“双创”教师管理方面，高校不仅要从思想意识上积极引导，同时还要从制度上采取相应措施激发专业教师的内在动力，充分考虑教师个体需求的差异性，兼顾教师不同年龄层次、职称级别、工作岗位的阶段性需求，科学确定专业教师发展新要求、新标准，完善制定能够调动广大教师从事“双创”活动的积极性的激励政策；引导教师走出象牙塔，关注社会变革、行业动态；引导教师关注学生心理健康，建立新型师生关系；引导教师自我反省、自我批评，实现自我发展、自我超越，在内外因共同作用下，实现创新创业教育教师的转型持久发展。在使用薪酬体系、聘任制度、职称评审、职务晋升、继续教育、表彰奖励等多种物质、精神层面相结合的激励制度时要注意科学性、可行性、连贯性、包容性、全局性，要切实起到激励作用、杠杆作用、标杆作用，使其真正成为鼓励引领广大教师热衷于创新创业教育并愿为之努力付出的激励保障机制。

（1）考核指标与创新创业教育人才培养目标相一致。应用型院校其办学使命是培养高素质的应用型、复合型、创新型技术技能人才，增强学生创新创业能力。因此，随着学校发展目标的变革，教师的绩效考核指标也要发生调整，要侧重教师的实践能力和应用能力的考核，而且要加大社会服务的考核比例。

然而，从目前来看，教师的绩效考核指标主要是教学和研究两方面，教学方面注重考核教师的教学工作量、教学效果、理论教学等，实践教学还未具备相应的位置和占比；研究方面的考核也主要考核论文、专著、专利等的数量，对技术性研究和应用研究的转化还不够重视，对从事学生创新创业教育活动的考评还未涉及。这样的教师绩效考核指标与应用型院校转型以及创新创业教育的发展目标和培养定位有一定的差距，不利于应用型本科院校创新创业教育开展，也不利于实现培养应用型人才的目标。

因此，要完善教师绩效考评机制，科学设立考核指标，紧密围绕学校定位和发展目标，结合创新创业教育活动，从教学、科研、社会服务、职业素质、基本能力等5个指标体系展开设计，对广大教师起到引导和鼓励作用，吸引更多的教师群体围绕学校主体发展思路，展开基础教学、产教融合教学、基础研究、应用型科研、实训实践、毕业（论文）设计，以及各类大赛指导、创新创业计划项目指导，服务地方发展，深入到企业、行业等活动中去。

（2）定量与定性相结合。绩效考核指标设计中有一条重要的原则就是要能够定量化和行为化。鉴于教师工作任务的特殊性，虽然有些内容无法用数量来表达，只能定性化，但是定量化是基本原则，应用型院校教师绩效考核必须要坚持定量和定性相结合的原则，否则绩效考核将失去科学性、客观性，最后绩效考核流于形式。

在应用型本科院校的教师绩效考核指标中，有些指标是可量化的，如理论教学和实践教学的课时数、科研论文和专著的数量、科技转化的成果数量、创新创业大赛获奖情况、创新创业训练项目实施结果等，这些指标必须进行量化以满足考核可操作性的原则。有些指标无法完全量化，如教师的教学态度、道德素质、投入到创新创业教育活动的精力和时间等，这些指标无法定量化，也需要尽量做到可行为化，进行准确的描述，再通过评价者在评价过程中可以进行评价。因而，定性和定量指标是绩效考核指标中都会存在的原则，需要将两者结合起来，既促进教学质量的提高，也有利于教师师风师德的建设。同时，考核权重的设置要尽可能做到科学、全面、客观、可行，要切实起到引领和推动作用。

（3）提高管理者素质，为奋战在创新创业教育活动中的广大师生做好优质服务。激励机制的运行过程中伴随着管理者的参与，他们的思想道德水平和业务能力的高低，直接影响激励机制作用的发挥。作为地方高校要注重强化管理者的服务意识、提高服务水平，邀请校外管理学专家对管理者进行管理理念和方法的定期培训，根据岗位特点制定管理者工作标准和能力要求，并定期对管理者进行管理能力和业务水平的考核，使其不断更新管理理念，改进管理方法，调整管理策略，提高自身管理水平，适应院校发展新变化，为奋战在创新创业教育活动中的广大师生做好优质服务。

总之，通过指标与目标相一致、定量与定性相结合，以及提高管理者服务水平等方法，建立教师参与创新创业教育的激励机制，将教师参与创新创业教育各项工作的成绩、成果及所指导学生的实践成绩和经济效益纳入教师评价机制中；鼓励专业教师整合自身资源和专业优势，推动教师科研成果产学研结合，对创业团队进行指导乃至可以参股支持学生开展创业。打造内外结合、理论教学与实践活动结合、共同成长型的更高水准创新创业教育师资队伍，形成以专家学者为引领、成功企业家为支撑、创业成功者为主力、学校各级领导与教师共同参与的，集教学、科研、实践为一体的创新创业教育师资团队。

第三节　完善创新创业教育体系建设，催生“双创”主体发力

高校开展创新创业教育的本质是引导学生主动性参与，激发学生创新意识，培养学生综合素养能力，以创新思维思考学习和生活，最终引领全体学生自主发展，提升和培育职业精神。主体性发展强调的是培养个体的自主性、能动性和创造性。从这个层面上看，学生的主体性发展表现在教育教学过程中，学生能够积极、有效地学习，主动构建自己的知识、能力和价值，并自觉地培养创新意识和实践能力。

大学生创新创业教育的最终目的是促进学生的主体性发展，而当前存在的最

大问题却是在创新创业教育过程中，学生主体性不能充分发挥。其主要原因是学校教育定位不明确，教育观念上存在误区，评价方式和教育模式单一，抑制了大学生主体性发展。

一、当前创新创业教育在“主体”作用方面存在问题

1. 教育定位不明确导致学生缺乏自主性

目前，高校虽然认识到创新创业教育的重要性，但并没有将其作为主流教育体系的一部分，也没有形成相对成熟的理论体系，教育定位含糊不清。部分高校创新创业教育课程设置与创新创业教育的目标有所偏离，以学生求职就业为导向，课程单一且设置不合理，所开设的大部分课程是关于创业程序和创业能力提高，而且以传授理论知识为主，学生缺乏自主探究的空间，将学生封闭在已有的课程体系中，直接导致学生融入创新创业教育的自主性降低。

2. 评价方式“滞后”导致学生缺乏能动性

现有的评价体系是制约创新创业教育发展的一个重要瓶颈，社会评价方面，整个社会更加关注高校的就业率，家长和学生关心毕业后能否找到称心如意的工作。而且，社会上存在“找不到工作才去创业”“创业是九死一生的事情”的误区。因此，部分大学生考虑自身情况只能通过努力学习知识，参加各类考试，努力在毕业后找到一份稳定工作，而对创新创业教育丧失参与兴趣。

通过梳理样本院校调查资料发现，部分学校在实施创新创业教育方面主要以系列活动，如创业讲座、创业大赛等形式开展，而非提供完整的课程体系，甚至是没有学分，学生往往因为忙于课堂或学校评价体系要求之内的事情就很自然地忽略了参与创新创业教育活动，缺少进一步学习和实践的主动性。

一套良好的评价体系具有重要的激励作用，要以评价为助推器，推动应用型本科院校创新创业教育。应用型本科院校人才培养的目标与过程决定了其评价指标不同于传统的学术性、研究性人才，不能仅仅考查学生对知识掌握的情况，而应该更加注重对能力的考核。如果说对知识掌握情况的考核往往以试卷、实验、论文、毕业设计等来考核，那么对创新品质、创业素养、专业能力的考核就应该是多种形式、多种渠道。要重视学生实践能力的综合评价，重视过程管理和评价，建立开放的、灵活的、个性化的评价方式，甚至可以参考和引进企业、社会评价指标。

3. 教育模式单一导致学生缺乏创新性

创新创业教育的模式逐渐成为阻碍创新创业教育中学生主体性发展的因

素，主要表现在创新创业教育的课程体系单一、教育对象单一、教育形式单一等方面。

一些高校创新创业教育形式依然存在单一的问题，或只重视第一课堂的知识讲授，或只重视第二课堂的活动开展。部分高校将创新创业教育课程设置成必修课，注重学生的理论学习，导致学生只追求考试；而一些高校仅是通过举办创新创业大赛等形式开展创新创业教育，导致学生只是为了比赛而比赛，单一的教育形式无法激发学生的创新性。

还有一些高校急功近利、以点带面，重视少数学生培养和宣传，开展以部分同学参与的各类大赛或创新创业项目为代表的“精英化”教育代替面向全体学生的创新创业教育，缺乏激励广大学生进行创新创业能力培养的长效机制，导致学生形成追求短期收益的短期功利主义，严重影响学生长远发展的主动性。

二、构建“双创”教育体系，催生“主体”发力

《国务院办公厅关于深化高等学校创新创业教育改革的实施意见》中明确提出，各高校要根据人才培养定位和创新创业教育目标要求，促进专业教育与创新创业教育有机融合，调整专业课程设置，挖掘和充实各类专业课程的创新创业教育资源，在传授专业知识过程中加强创新创业教育。

就高校而言，根据大学生创新创业的特点，结合高校自身的定位与职能，最主要的工作是深化高校创新创业教育改革，普及创新创业教育，培育全体大学生创新创业意识、精神和创新创业能力，激发广大学生创新创业激情，努力培养一批新型创新创业骨干人才，为他们在走向社会后创新创业提供足够的知识与能力储备。对于全体学生要展开创新创业教育；对于在校期间有创新创业意向的学生要重点培养；对于已经有创新创业项目的学生，要重点扶持，帮助学生克服创业初期面临的困难与问题，帮助争取获得政策支持与社会资源，配好创业导师进行重点指导与跟踪服务。

教育部在《教育部关于全面提高高等教育质量的若干意见》中指出，应当把创新创业教育贯穿人才培养全过程。制定高校创新创业教育教学基本要求，开发创新创业类课程，完善创业教育课程体系，并将创业类课程纳入学分管理。作为新时期培养高素质应用技术型人才的本科院校，应当认真落实贯彻国家相关的大学生创新创业文件精神，建立和完善创新创业教育课程体系，培养满足中国经济社会发展需求的人才。为更好地建立和完善创新创业教育课程体系，本书在美国著名课程理论家泰勒先生提出的“泰勒原理”的基础之上，以大学生对创新创业教育课程需求为着眼点，以国家相关的创新创业政策为指导，以高校整体创新创业环境为参照，深入探索应用型本科院校创新创业教育课程设计的思路，坚持专

业课程开设与行业产业有机联动、课程标准与国家职业标准相融合、教学过程与生产过程一体化，从以下方面调整优化，构建“双创”教育体系，催生“主体”发力。

（一）构建“双创”教育体系遵循原则

1. 专业与产业对接

专业与产业对接，是指专业设置要依据产业发展和岗位需求的变化不断地进行调整，主要从结构上实现二者的对接。专业结构是指在专业总体系中各个部分的比例关系和组成方式，合理的专业结构有利于人才的培养，有利于应用技术型本科院校办学质量的提高，进而提高地方本科院校服务经济建设和社会发展的水平。

一方面，产业结构影响着应用技术型本科院校专业结构的构成。产业结构决定着人才需求的结构，也就间接影响着应用型院校创新创业教育人才培养。经济结构变化与经济政策调整必然会带动产业结构的调整与改变，而产业结构的调整与改变则会引起人才需求的变化，从而影响应用技术型本科院校专业结构的调整。因此，产业结构与应用型本科院校专业结构之间存在着因果联系，应用型院校进行专业建设时要以产业结构为重要参照依据，指导转型院校专业的构建与动态调整，实现与产业结构，尤其是区域产业结构的有效对接。

另一方面，高等院校，尤其是应用型院校专业结构也影响着产业结构。随着经济社会的快速发展、时代的变革，产业结构升级是必然的，高耗能、高污染产业将会不断被淘汰，而以第三产业为主的战略性新兴产业将会迅速崛起。要想促进产业结构的转型升级，其基础和前提则是不断地提高从业人员的综合素质，尤其是以能够适应高新技术产业迅速发展和产业结构转型升级所需要的高素质、高技能等各类人才作为强有力的支撑。因此，应用型院校专业结构的调整和人才培养计划满足经济发展，特别是区域经济发展需要，有助于推动院校的专业结构与产业结构相对接，从而为区域产业结构转型升级提供人力资源保障。

2. 课程标准与国家职业标准对接

课程标准与国家职业标准对接，是指在课程标准、课程内容的设计与实施等过程中，将国家职业标准融入其中。课程标准的制定，既要充分地反映出社会、经济以及学生自身发展的诉求，确保学生能够掌握的一定的知识，为实现终身教育奠定基础，体现出应用技术型本科教育的“高等性”，又应该充分体现出应用型本科教育的“职业性”，遵循应用型院校发展规律和学生职业素养的培养规律，使学生拥有担负岗位职责的职业能力。

课程标准与职业标准有所不同，课程标准不仅关注某一具体岗位的能力要求，更加关心应用型人才的可持续发展，因此不能把职业标准简单“拿来”生搬硬套，其内容较职业标准更为丰富，在汲取职业标准精华的基础之上，课程标准中还包含了人生观、价值观、社会责任感等终身教育所需要的基本知识与能力。

3. 教学过程与生产过程对接

教学过程与生产过程对接，是指强化工学结合，将生产过程搬到教学过程中，加大实习实训的力度，培养能够满足企业发展需求的人才。教学过程与生产过程的结合，是应用技术型本科教育课程实施的一大特色。教学过程是学校职能中的一项，生产过程是企业职能中的一项，二者得以融合源于应用技术型本科教育人才培养既需要学校的教学行为将知识与技能等传授给学生，同时也需要企业的真实工作环境来指导与协助教学的有效实施。

一方面，教学过程与生产过程相辅相成。教学过程生产的“产品”实际上是应用型本科人才，应用型本科人才在生产实际产品的生产过程中作为另外一种“产品”被生产出来，既达到了学习岗位技能、产品工艺、熟悉企业文化等教学过程中所要求掌握的知识与能力的目标，同时也完成了对生产过程的实践认知。

另一方面，教学过程与生产过程是不同的两个过程。教学过程是系统化的一个完整过程，而生产过程则是由许多个不同任务片段组成的一个完整的流程。应用型本科人才在学校里接受完整的教学过程是很容易实现的，而完整的生产过程则很难实现。也就是说，应用型本科人才所经历的实际上是完整的教学过程与片段的生产过程的结合。因此，教学过程与生产过程的对接，必须要解决教学过程的系统性与生产过程的片段性之间的关系。

（二）建立、完善创新创业课程体系

1. 明确应用型本科院校创新创业教育的目标

实施创新创业教育，希望受教育者得到什么转变？这是开展教育前首先要明确的问题，也是设置课程体系的重要依据。应用型院校是以培养高素质应用型人才为目标的，而社会对高素质人才创新性内涵要求越来越高。可见，作为应用型本科院校，在制定创新创业教育课程时，应根据社会发展的要求，从结合学科专业培养和学生身心发展需求的角度出发，以专业教育为基础，将创新创业教育融入学科教育和专业教育中，培养既精通专业，又具有创业创新能力，以及解决复杂的综合问题能力的人才。在制定课程时充分考虑学生的专业特性、思维特征、个性特征，同时也应转变传统的授课方式，提升学生的课堂主动性和参与性，切实提升课堂效率。此外，创新创业教育还有具有国际化的眼光，设立的课程要与国际化发展、时代的进步和社会的发展相结合。

2. 建立多层次、长链条、立体化的课程体系

（1）准确定位创新创业教育。地方应用型院校需明确创新创业教育的历史使命，创新创业教育应是面向全体学生，旨在培养学生创新创业能力。确保能够实现大学一至四年级都有创新创业方面的理论教育和实践教育，也需结合学校实际，面向全体学生开发开展创新创业教育相关方面的必修课和选修课，纳入学分管理，建设依次递进、有机衔接、科学合理的创新创业教育专门课程。努力推进“双创”课程成为学校必修课，或努力提高创业课程覆盖面，避免“双创”课程带有“精英”色彩。

通过对 10 所西部地区的师范院校、艺术院校、文理学院、工程学院调查发现，这些学校已展开“双创”教育，但有的并不是面向所有专业学生，有的与专业没有结合度，有的过于简单、层次较低，有的环节单一。针对这些问题通过访谈分析，笔者认为创新创业教育的实施，需要通过优化课程体系这个核心环节来实现，要将创新创业教育课程纳入大学生职业发展总体课程中，积极开展创新创业教育研究，探索教学新模式；其次，应结合院校自身特点对课程进行合理划分，科学设立理论课程和实践课程，建立多层次、立体化、全过程的课程体系。

（2）建设分层次立体化创新创业教育课程体系。创新创业教育课程的开设应当面向全体大学生，但是通过整理分析发放的 2000 份调查问卷发现：11%的大学生有相对成熟的创业想法，43%的学生存在想法但并不成熟，46%的学生根本没有创业意向。因此，这些院校应该根据实际情况，构建由启蒙层、授业层、孵化层到实践层的“金字塔”式立体化创新创业教育课程体系（图 4.3），分阶段推进创新创业教育。

启蒙层：设立面向全体在校学生的创新创业教育课程，贯穿大学四年递进式开设一些关于创新创业的基本理论知识和创新精神培育课程、创业素养提升课程，注重培养创新意识和创业精神。

授业层：从大学二年级起，面向全体学生，结合学科专业进行“产教融合、专创融合”式创新创业教育，对专业课程进行改制，在传统专业课程中融合学科前沿、实际应用、一线生产，同时融合创新创业元素，目标是培养具有较强社会适应能力和竞争能力的高素质应用型人才。

孵化层：从大学三年级起，面向有相对明确创业意向的学生，目标是支持学生开展创业训练，结合众创空间、大学科技园区等优势资源为学生创造提供创新创业训练基地，培养具有坚韧的意志品质、良好的合作能力、较高创新创业素养的应用型人才。

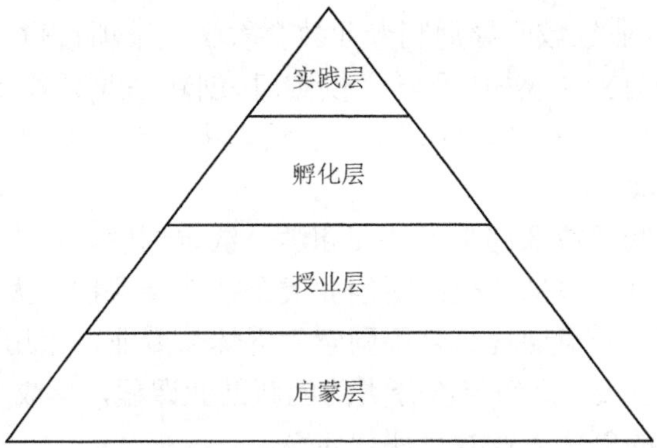

图 4.3　分层次课程体系

实践层：从大学三年级起，面向有成熟创业想法的少部分学生，目标是培养有能力的创业者，指导创业学生配备团队力量、整合资源配置，进行企业运营专业知识训练，依托大学科技园工商、税务、中小企业、法律等一揽子整合平台，为学生提供更多的实际运营帮助。

应用型院校应该结合学校特色灵活多变，结合不同专业大类和领域对创新创业教育的要求，制定不同的课程方案和实施方案。

如针对精细化工、自动控制、电子设计等工科类专业，实行“专业课堂教学+创新创业启蒙课程+校内实验室实验+校外实训基地实训+创新创业必备知识课程+科研平台工程中心创新训练+大学生创新计划项目+众创空间科技创新平台实训+企业工厂学徒制实践+大学生实体创业项目+大学科技园科技型企业孵化平台科技创业培育”工科类创新创业实施方案。

针对计算机网络信息类专业，实行“专业课堂教学+校内实验室实验+校企联合实训中心实训+创新创业启蒙课程+研究中心、工程技术中心创新训练+大学生创新计划项目+学校、企业双导师制实战项目+创新创业必备知识课程+众创空间科技创新平台实训+各类专业大赛+软件企业、硬件工厂、系统集成公司学徒制实践+大学生实体创业项目+大学科技园科技型企业孵化平台信息科技创业培育”工科类创新创业实施方案（阴国富，2013）。

针对数学、中文、英语、物理、化学等传统师范类专业，实行“专业课堂教学+校内教育实践+创新创业启蒙课程+众创空间教育培训平台实训+高校、中小学、培训机构三导师制专业教育教学改革项目+创新创业必备知识课程+中小学学校实习+地方各类培训机构创业实践+大学生实体创业项目+大学科技园区培训中心创新创业实战”师范类创新创业实施方案。

针对幼儿师范、艺术教育、体育教育等特殊师范类专业实行“专业课堂教学+校内教育实践+创新创业启蒙课程+众创空间教育培训平台实训+高校、中小学幼儿园、培训机构、行业领域四导师制专业教育教学改革项目+行业训练中心技能实训+行业领域实践+行业大赛+中小学学校实习+创新创业必备知识课程+地方各类培训机构创业实践+大学科技园区艺术特长培训中心创新创业实战”艺术体育师范类创新创业实施方案。

同时，建立在线开放课程学习认证和学分认定制度，在本科生培养方案中安排创新创业教育学分，包括全校创新创业类公共选修课程，大学生创业大赛等特色的创新创业课程。开设课程结合不同学生群体、专业，采用不同内容、形式、方法，按照初级、中级、高级层次分类的创新创业课程，形成“专业化、模块化、立体化、信息化”的创新创业教育课程体系。

3. 推动创业教育课程与专业课程有机结合是核心

创新创业教育必须与专业课程相结合，才能适应学生专业学习的需求，鼓励学生在本专业的基础上努力做到创新，进而为创业做准备。地方应用型院校应将创新创业教育理念融入专业人才培养全过程，形成“双创”教育与专业教育深度融合的创业人才培养新模式。根据专业不同，大学生接受的课程内容也不尽相同。通过调查 10 所样本院校发现，不同专业有着不同专业教学体系，开展创新创业教育课程，最重要的是将创新创业教育理念融入专业教学体系当中，做到两者的有机结合，使得创业精神与创业意识的培养成为专业教学的导向之一。以师范学院中的计算机专业为例，选择此专业的大学生如果有创业意向，想在网络、电商、互联网开发等领域有所作为，那么对这类学生进行创新创业教育的培训，会达到事半功倍的效果。这就达到了创业教育与创业专业教育的完美融合。选拔部分学生参加创新创业与专业融合实验班，开发与专业融合的创新创业课程，设置灵活的学分制度。高校要设置合理的创新创业学分，建立创新创业学分积累与转换制度，探索将学生开展创新实验、发表论文、获得专利和自主创业等情况折算为学分，将学生参与课题研究、项目实验等活动认定为课堂学习，取得的学分来替代原专业部分学分，为有意愿有潜质的学生制定创新创业能力培养计划。建立创新创业档案和成绩单，客观记录并量化评价学生开展创新创业活动情况。设立创新创业教改项目，鼓励各学院、专业结合创新创业开展专业教改。采取“先试点、再铺开”的渐进方式，在试点学院推行创新创业教育与专业教育融合的人才培养改革实验，在制定专业培养方案、教学组织实施、教学方法手段等各阶段增加创新创业与专业融合的课程和模块，配备专项经费，完善保障机制，达到创业教育与专业教育的深度融合。

（三）建立创新创业教育管理平台，加快构建创新创业教育长效运行机制

一方面，建立一个完善的创新创业教育管理平台是创新创业教育取得实效的

充分保障。目前，应用型本科院校创新创业教育普遍存在的一个问题就是没有建立或没有一个完善的创新创业教育管理平台，致使全校上下没有形成一股合力。学校应该将创新创业教育工作纳入学校重要议事日程，建立起规范、科学、系统的管理平台。成立创新创业教育学院，专门负责创新创业教育的研究、实施与管理，如制定创新创业教育的实施方案，负责创新创业教育活动的组织、指导、督促、协调和管理。协调安排人事处、教务处、团委、学生处等职能部门，二级学院负责组织实施小单元化的创新创业教育管理和服务工作，形成“统一发令、多方参与、分合相兼”的创新创业教育协调机制，整合利用各部门教育资源，以保障创新创业教育工作地顺利实施，实现效果的最大化。建立公共的创新创业教育平台，打破不同管理部门、院系之间的壁垒，实现校内创新创业教育资源的共建共享，促进资源的最大化利用，使整个平台具备综合性、智慧性、可行性、开放性等特征，实现教育、学习、管理在创新创业教育过程中的协调统一。

另一方面，构造基于“互联网+”的高等教育新模式。在信息高度发展的时代，互联网+教育方式为通识教育的发展提供了有利的发展契机。互联网+教育已经形成了比较成熟的运作方式和操作平台，如 MOOC 课程资源平台的搭建和微课的形成等。通过将一部分课程开在 MOOC 平台上，利用慕课资源开展翻转课堂，利用翻转课堂的优势对大学生实施以研讨班为形式的私下的在线课堂，在课程讨论之中，培养学生批判阅读和思考的能力，启发学生发现问题、分析问题和解决问题的能力，以促进学生人格的修养和能力的提升，实现创新创业通识教育的初衷。从而最大限度地实现创新创业通识教育课程从知识传授到人的培养的转型。

（四）夯实拓展实践基地建设

1. 科学合理建设好、利用好校内创新创业孵化基地

随着各高校对创新创业教育愈来愈重视，众多的应用型本科院校也相继成立了自己的校内创新创业孵化基地，但由于大多刚成立的原因，基地的硬件设施、软件配备、运行方式等还不成熟，存在诸多的问题，致使基地的使用效果大打折扣，甚至徒有虚表，没能发挥出应有的作用。

一是基地经费往往来自学校或政府的拨款，容易出现钱多办大事，钱少办小事的情况，背离最初的计划，因此可以参考国外高校通过民间、企业、校友募捐的做法。二是在基地的建设方面，除了保证基础的硬件设施、相关仪器设备之外，还要考虑通过多种方式形成基地内的良性竞争，促进学术氛围。三是在孵化器的建设方面，除了加强宣传，保护学生的创业热情之外，对于扶持的项目，要有规范完善的保障制度，在保障孵化项目顺利成长上起到积极的作用。四是在保证基地硬件配备齐全的基础上，还要注重基地软件的配套，即要为基地配备专业的指

导老师，对孵化项目全程深入跟踪指导，同时出台相应的保障制度和措施，保证师生的参与热情和权益。

2. 拓展校外创新创业教育实践基地

一个成熟的创新创业教育平台需要若干个校外实践基地的支持，创新创业教育的最终目的还是应用于实际，只有校内的实践基地显然是不够的，必须积极拓展校外实践基地，才能更加贴近社会实际。对于校外创新创业教育基地的拓宽，笔者建议应用型本科院校应积极寻求和整合各方资源，发挥自身特长，在校企合作、产学研合作方面做一些延伸和探索，各学科、专业发挥资源优势在地方特色经济开发区、产业园、科技园等经济产业密集区积极开拓，为学生打造专业的校外实践基地。

3. 其他模式的创新创业教育实践基地的开拓

此外，还有少数高校已经完成或正在努力尝试将校内的工科实验基地过渡成创新创业教育基地。

第五章　众创空间助推创新创业教育

2014年被誉为“中国创业元年”以及“创业‘最好’的时代”。

在2014年夏季达沃斯论坛开幕式上，李克强总理提出，“借改革创新的‘东风’，在960万平方公里土地上掀起一个‘大众创业’、‘草根创业’的新浪潮”，“形成‘万众创新’、‘人人创新’的新形态”。

为了推动经济结构调整和经济增长方式转变，2015年3月5日，李克强代表国务院在十二届全国人大三次会议上作《政府工作报告》时指出，推动大众创业、万众创新“双引擎”，让千千万万个市场细胞活跃起来，必将汇聚成发展的巨大动能，让中国经济始终充满勃勃生机！正式发起“大众创业、万众创新”号召。为了配合这一战略引导，政府对商事制度、科研经费管理制度、专业技术人员离职创业、科研成果转化、创新产业税收优惠制度等，进行了一系列重大改革，极大地点燃了创新、创业的激情，鼓励了创业者的热情，迎来了一个崭新的充满活力的“双创”时代。

第一节　众创空间的内涵与发展

一、众创空间的定义及起源

众创空间是顺应创新2.0时代用户创新、开放创新、协同创新、大众创新趋势，把握全球创客浪潮兴起的机遇，根据互联网应用深入发展、创新2.0环境下创新创业特点和需求，通过市场化机制、专业化服务和资本化途径构建的低成本、便利化、全要素、开放式的新型创业服务平台的统称。发展众创空间要充分发挥社会力量作用，有效利用国家自主创新示范区、国家高新区、科技企业孵化器、高校和科研院所的有利条件，着力发挥政策集成效应，实现创新与创业相结合、线上与线下相结合、孵化与投资相结合，为创业者提供良好的工作空间、网络空间、社交空间和资源共享空间。

Fab Lab（微观装配实验室）及其触发的以创客为代表的创新2.0模式，基于从个人通信到个人计算，再到个人制造的社会技术发展脉络，试图构建以用户为中心的，面向应用的融合从创意、设计到制造的创新环境，推动了创新2.0时代众创空间的形成。而创客浪潮、众创空间以用户创新、大众创新、开放创新、协同创新为核心理念，是创新2.0模式在设计制造、创新创业领域的典型表现（毛大庆，2016）。众创空间顺应创新 2.0 时代用户创新、大众创新、开放创新趋势，把握互联网应用深入发展、知识社会创新 2.0 环境下创新创业特点和需求，是与创新 2.0 环境下创新创业形态相适应的创新创业孵化、众创活动支撑平台。

技术的进步、社会的发展推动了科技创新模式的嬗变。传统的以技术发展为导向、科研人员为主体、实验室为载体的科技创新活动正转向以用户为中心，以社会实践为舞台，以共同创新、开放创新为特点的用户参与的创新 2.0 模式。应对信息通信技术发展以及知识社会来临的机遇与挑战，不少国家和地区开始对以用户参与为中心的创新 2.0 模式进行探索。

二、国外众创空间发展

经过多年的发展，国外已经把众创空间推到了一个比较成熟的历史阶段。在十多年前，国外 Fab Lab、Hackspace、TechShop、Makerspace 等各种类似形式的众创空间就已经逐步形成，对科技创新产生了深刻的影响。此后，Maker 的概念被引入中国，形成“创客”概念，国内也产生了类似空间，如北京创客空间、上海新车间、深圳柴火空间、杭州洋葱胶囊（Onion Capsule）等，大小和背景各不相同。

1. Fab Lab

Fab Lab 是美国麻省理工学院（Massachusetts Institute of Technology，MIT）比特与原子研究中心发起的一项新颖的实验——一个拥有几乎可以制造任何产品和工具的小型的工厂。Fab Lab 的最初灵感来源于哲申费尔德教授于 1998 年在 MIT 开设的一门课程——“如何能够创造任何东西”，这很快成为他最受欢迎的一门课。没有技术经验的学生们在课堂上创造出很多令人印象深刻的产品，如为鹦鹉制作的网络浏览器，收集尖叫的盒子，保护女性人身安全的配有传感器和防御性毛刺的裙子等。可以制造任何想要的东西，学生们为此而兴奋不已，而这种可以实现随心所欲的个性化需求的目标，也逐渐成为 Fab Lab 萌芽的创新研究理念，引领了从个人通信、个人计算迈向个人设计、个人制造、群体创造的创新 2.0 浪潮。

2. c-base

c-base 是一个设在德国柏林的非营利性协会，成立于 1995 年，目前约 450 名成员。该协会的目的是提升计算机软件、硬件和数据网络的知识和技能。自成立以来，c-base 从事了大量的相关活动。例如，一般的节假日，如儿童节，他们会在那里给小朋友介绍机器人和计算机辅助设计等主题。c-base 的总部，有时也会为柏林附近的其他团体活动提供支持。c-base 被确认为世界上的第一个独立、单机的 Hackerspaces，因为它不隶属于任何学校或企业。

3. Hackerspace

Hackerspace 的概念始于欧洲程序设计师（以前称为“黑客”）的聚会。2007年8月（欧洲掀起这波潮流的12年后），一群北美的黑客到德国参加混乱通信夏令营。他们在当地燃起想在美国设立同类场所的决心，于是就在回国后创办了许多黑客空间，NYC Resistor（2007）、HacDC（2007）和 Noisebridge（2008）等都包括在内。这些地方很快就用来设计及制造电子回路（从他们原本就感兴趣的程序设计起步），顺应自身兴趣做出实体原型，开设教室，发展活动以募集会费，添购使用的工具。

4. TechShop

TechShop 是一家基于会员制工作坊而组成的社区，可以为会员提供可供使用的工具、设备，教学、创作以及支持人员，以便创造他们一直想创造的东西。这里的器具包括铣床、车床、焊接台、离子切割机、金属板材加工设备、钻孔机、锯、工业缝纫机、手工具、塑料加工设备等。对于那些喜欢自己动手做东西，或者是做些发明创造，却苦于找不到合适器材的人来说，Techshop 是一个理想的地方。它聚集了众多来自民间的创新想法，让创新者把原始的想法做成原型，甚至做成一个完整的产品。

5. WeWork

WeWork 成立于2010年，位于美国纽约，专注于联合办公租赁市场。除了运营办公空间外，WeWork 还为创业者提供各种与创业关系密切的活动，如定期举办社交活动，促进创业者之间、创业者与投资人之间的交流；充当中间人，为创业者之间、创业者和投资人、初创企业和成熟企业之间搭建业务和资本合作的桥梁。同时，还积极组织第三方创业服务机构，为入驻的创业者提供法律、人力资源等方面的培训活动等。

WeWork 2012年获得685万美元 A 轮融资，2014年12月完成3.55亿美元的 D 轮融资，领投机构分别为 T. Rowe Price Associates Inc.和高盛，当时估值50亿美元。到2014年，WeWork 实现了1.5亿美元的营业收入，利润率达到30%，市场估值超过50亿美元。

6. Makerspace

Makerspace 是一个配备工具的社区中心。它为社区提供了制造设备，并为社区成员进行必要的培训，帮助他们利用现有资源进行设计、建模，并制作出那些无法靠个人力量完成制作的作品。Makerspace 可以是一群有相同兴趣的人们互相分享空间和工具的兴趣团体，也可以是商业公司或非盈利公司，还可以是学校或图书馆等的附属组织。所有类型的 Makerspace 都是为了能整合制造设备资源，形成社区，进行相关培训，但其组织形式却迥然不同。

三、国内众创空间情况

结合中国市场特点，中国的众创空间应具备如下标准功能及服务：①空间规划科学合理、务实高效、娱乐设施丰富，服务创业者的同时又能让创业者感受到温情；②由第三方提供企业所需的税务、法律等方面的配套服务；③众创空间位置要交通便捷，方便创客和业务客户往来交流；④要有丰富的商业生态搭配，能够使入驻企业、创客拥有与同领域上下游产业链、不同领域横向产业链进行创业灵感交流、商业业务合作的完整生态体系。

因此，国内众创空间是一种以降低办公室租赁成本为基本出发点，以构建丰富商业生态为目的，为创业及成长阶段的企业和个人提供联合办公环境的业态。它不仅提供硬件的办公场所和公共设备，也提供从商业生态构建到企业事务性工作的软性服务。

我国的众创空间大致从三个层面来划分：一是北京、上海、深圳、广州等特大型城市的众创空间，这些城市科研力量强、经济发达，信息技术、智能化制造加工配套能力强，政府支持力度较大，创客活动也比较活跃，如北京依托国家自主创新示范区、国家高新区、科技企业孵化器、高校和科研院所等丰富的科技创新创业资源，成为我国众创空间发展最快的城市。二是科技基础较好的中心城市的众创空间，如西安、杭州、武汉、成都、厦门等地的众创空间开始起步，但由于产业基础以及科技服务限制，这些众创空间缺乏较系统发展计划、政策资金以及产业配套支持，发展相对滞后于一线城市。三是依托高校、研究院所以及科技园区形成的创客空间，如杭州的洋葱胶囊、西安的中科创星等。高校院所、科技园区内科研资源条件较好，引发了高校创客空间的萌动和发展（毛大庆，2016）。

1. 北京“三验”应用创新园区

城市管理“三验”应用创新园区（Application Innovation Park，AIP）是国内首个应用创新园区实践，也是我国对开放众创空间建设的较早探索。早在 2006 年，北京就启动了“三验”应用创新园区的探索，探索通过体验、试验、检验“三验”在城市管理领域打造覆盖整个城市的开放众创空间。“体验”指用户体验，这是创新 2.0 以人为本、以用户为中心的核心体现；“试验”指研发单位试验，这是一个与用户共同试验的互动过程；“检验”指第三方检验，实现与标准化工作的对接，突出其中立性，以利于对创新成果价值的公正评估，为新技术、新应用、新模式的推广应用、科学决策提供参考。AIP 贯彻最终用户参与产品、技术研发、设计过程与创新扩散全过程的创新 2.0 理念，通过“三验”机制贯穿需求孵化、需求实现、需求验证全过程，推动以“三验”为核心的技术研发与试点示范活动，构建以用户为中心、以需求为引导、以技术为推动，需求与技术充分互动的大众各方参与的开放众创空间。应用创新园区被北京市科学技术委员会和北京市市政市容管理委员会于 2008 年 5 月联合授牌，并与 Living Lab、Fab Lab 一起被称为三大典型的创新 2.0 模式。

2. 北京的创客空间

北京创客空间的前身是 FlamingoEDA 开放空间，成立于 2011 年 1 月。当时的空间位于北京宣武门附近的一个小屋内，面积只有 20 平方米左右。空间每周举办工作坊，通过豆瓣等社交网站发出活动邀请。3D 打印机、多点触摸桌这些在外人眼里看着特别“神秘”的新新技术产品，都能被这些 DIY 爱好者拆解并制作出样品。王盛林就是在那里结识了创客空间的另一位创始人肖文鹏，并发掘到自己的兴趣所在。此后，北京创客空间在开源精神的指导下，尝试建立一个开源生态系统，让空间兼备社区与孵化的双重功能。他们想让更多的人加入到更多的项目中去，并且使得部分项目成果产品化，从而让科技真正改变人们的生活。

3. 深圳的柴火创客空间

柴火创客空间寓意“众人拾柴火焰高”，为创新制作者提供自由开放的协作环境，鼓励跨界的交流，促进创意的实现以至产品化。空间提供基本的原型开发设备、电子开发设备、机械加工设备等，并组织创客聚会和各种级别的工作坊。柴火创客空间现在拥有开源硬件、Linux 及嵌入式开发、物联网、绿色能源、城市农场等多个主题，并在不断增加中，成立 4 年已经吸引 1 万多人参加活动。

4. 上海的新车间

上海的新车间成立于 2010 年 10 月，是向硬件高手、电子艺术家、设计师、DIY 爱好者和所有喜欢自己动手捣鼓各种东西的人提供的一个开放式社区，当然同样具有实验空间和基础设备。在这里，大家不仅可以和兴趣相投的人一起拆装各种电子和物理产品，而且还可以共同实施一些好的设计和想法。新车间将工作空间提供给人们来实施自己脑海中的项目，举办包括电子、嵌入式系统、编程和机器人等不同主题的研讨会和培训班。此外，新车间也还将成为一个融资和管理平台来支持人们实施自己的作品和项目。

5. 杭州的洋葱胶囊

洋葱胶囊成立于 2011 年 11 月，是国内首个由艺术院校建立的创客空间，由几位来自中国美术学院跨媒体艺术学院的学生创建。洋葱胶囊在保留她的开放性、创造性及友好交流环境的同时，还希望将创客空间逐渐发展成一个作品的发布平台（但不是产品）。工作坊的成熟作品，会定期被放到洋葱胶囊的网站上。这样的发布方式，需要参与者用创作艺术品的态度去工作，而不同于以往的项目跟踪式发布方式。

6. 中科创星

中科创星拥有由全国首个研究所内众创空间、1.5 万平方米青年科技创客社区、2 万平方米光电子集成专业化众创空间及北京众创空间构成的专业化众创空间板块。通过充分整合西安光学精密机械研究所、地方政府及市场资本等多方资源，中科创星搭建了“一站式”全方位服务模式，为在孵企业提供财务法务、人才招聘、科技项目申报、品牌宣传推广、知识产权管理与培训、投融资对接等全方位的孵化服务，打通资本、研发、技术、市场、渠道等环节，为中小型科技企业快速发展提供可靠支撑。

“硬科技”理念由中科创星创始合伙人米磊博士在科技成果产业化的实践中率先提出。中科创星将“硬科技”定义为“以人工智能、基因技术、航空航天、脑科学、光子芯片、新材料等为代表的高精尖科技；区别于由互联网构成的虚拟世界，属于由科技构成的物理世界；是需要长期研发投入持续积累才能形成的原创技术；具有极高技术门槛和技术壁垒，难以被复制和模仿；是对人类经济社会产生深远而广泛影响的革命性技术，是推动世界进步的动力和源泉”。中科创星致力于创建全球第一的硬科技创业生态，引进全球硬科技领域高端创业领军人才，孵化颠覆性技术，培育领跑型企业，探索特色鲜明的科技成果产业化模式，打造以“研究机构+天使基金+孵化器+创业培训”为一体的科技创业生态网络体系，为科技创业者提供专业、深度、全面的创业孵化及融资解决方案。2016 年，中科创星入选首批 17 家国家专业化众创空间名单。

四、取得成绩

众创空间作为创新创业的主要载体，特别是政府鼓励、支持和引导创新创业发展的一揽子政策支撑体系彻底点燃了大众的创业热情，众创空间在我国实现“井喷式”发展，涌现出车库咖啡、创新工场、创客空间、天使汇等各具特色创新创业服务机构。截至 2016 年底，纳入国家火炬计划统计的众创空间就有 4298 家，与3255家科技企业孵化器、400余家企业加速器、156家国家高新区一同打造了接递有序的梯队型服务链条，形成从创意到产业的创新创业服务生态。仅2016年，众创空间内的创新创业服务人员就达到12.9万人，累计服务的企业和团队近50万个，服务收入和投资收入达39.4亿元。2016年有7.2万家服务的创业团队注册成立为企业，涌现出了美图秀秀、YY语音、饿了么、云洲智能无人船、中科微光红外血管成像仪等优秀创业企业和创业项目，摩拜单车、滴滴出行等现象级的创业项目也纷纷入驻创业环境良好的众创空间。众创空间发展呈现出以下特点。

（1）区域特征明显。我国众创空间发展与区域经济发展水平和科教资源分布紧密相关，呈现出以北京、上海、广州、深圳等一线城市为龙头，以宁波、杭州、苏州、武汉、成都等城市为重点，以科技、产业基础较好的城市为基础的阶梯式分布。目前，从空间密度看，上海市众创空间分布密度最高，北京市密度位居全国第二，江苏、山东、浙江、广东、福建等沿海经济发达省份众创空间面积密度也位居前列。相对全国来讲，“一带一路”沿线地区众创空间分布密度和发展状况整体偏弱，由于各地产业基础、政策倾斜和其他要素禀赋不一致，也使其众创空间发展模式各不相同，相互之间存在很大差异。从密度、发展势头和孵化力度等因素分类：以较发达的重庆、成都、西安作为第一梯队，以乌鲁木齐、兰州、银川为代表的其他省会城市为第二梯队，其他地市级城市为第三梯队。

（2）运营主体多样。自国务院办公厅出台《国务院办公厅关于发展众创空间推进大众创新创业的指导意见》后，我国的众创空间发展迈入新阶段，行业领军企业、创业投资机构、社会组织等社会力量的主力军作用进一步发挥，众创空间运营主体从原先的政府、企业迅速扩展至高校、地产商、天使投资人、成功企业家、平台型大企业、创业投资机构等社会力量。各类运营主体践行不同运营理念，通过灵活、创新的服务形态，汇聚多方资源，实现多赢的目标，起到提高初创企业成功率、创造就业机会、培养高端人才、促进地区经济发展等作用。其中，以政府为运营主体的众创空间主要打造服务于地方经济、树立地方产业品牌的公益性组织；以企业为运营主体的众创空间主要为实现企业内部的创新创业以及与产业链上下游的创业者优势互补、协同发展；以科研院所为运营主体的众创空间主要为科研机构进行成果转化、市场对接提供平台；以高校为运营主体的众创空间主要为高校科研成果转化提高成功率，实现技术成果的市场化和商品化；以创投机构和中介机构为运营主体的众创空间运营重点在于帮助机构拓展业务渠道和拓展项目来源；以地产商为运营主体的众创空间则通过建设众创空间来处置闲置的物业，提高物业运营效率。

（3）运营模式多元。目前，国内众创空间可根据业态和商业模式分为产业服务型、联合办公型和创业社区型。产业服务型众创空间以X-lab、创新工场、36氪、车库咖啡等为代表，主要针对创业企业的成长需求，采取多样化的方法孵化和培育企业，通过提供创业服务来获取利润，其核心业务为孵化企业，为企业提供创业指导、培训、投融资、技术对接等服务，增加创业成功率，并通过股权投资回报获得收益。联合办公型众创空间以 WeWork、SOHO3Q、优客工场等为代表，通过共享公共空间和设施，实现办公空间的租用时段分散化，在降低创业者办公成本的同时，营造能够与不同团队或个人进行互动的工作社区，其核心业务在于通过场地租金实现盈利。创业社区型众创空间以创想家社区为代表，围绕创业者学习、创业、居住、社交、消费等需求，通过完整的社区功能配置，提供一体化的创业和生活服务，其侧重点在于营造集成化的创业生态，以社区服务的收入来弥补创业投资短期回报的缺乏，让创业、生产、生活和消费形成营收平衡的闭环。

从地域分布上看，众创空间目前已实现全国的覆盖，绝大部分地区通过众创空间建设，提供低成本、便利化、开放式的创业服务平台，催生了大量以互联网技术集成应用、人工智能、生物医药技术和商业模式创新等为主要内容的创新创业企业。现如今，越来越多的创业者选择到众创空间去创业，众创空间已经成为“大众创业、万众创新”的重要阵地和创新创业者的聚集地。随着众创空间的大量增长，以及创业者的深层次需求的增长，如何更好地服务于创业者，实现众创空间健康可持续发展也成为一个不得不思考的问题。建立生态圈、注重专业化和垂直化成为业内共识，引起广泛研究和关注。

第二节　高校众创空间发展研究

为鼓励和帮助大学生积极创业，国务院和各级政府部门出台了许多鼓励大学生创新创业的优惠政策，涉及培训融资房屋补贴小额贷款等多个方面。在创业环境不断优化的同时，大学生的创新精神和创业意识不断增强，大学生创客的数量和规模不断提高，创业成功典型也不断涌现。但是，大学生创业的成功率相对于西方发达国家还比较低，大学生在创业的过程中暴露出了许多问题，具体表现在：创业实践平台建设相对落后，服务成本较高；大学生初始创业缺少资金，融资渠道不畅；大学生初创企业多处于市场失灵的真空地带，政府资金对大学生创业者难以做到雪中送炭；大学生创业与市场需求脱节，缺少与市场有效融合的机制和平台等。

一、应用型高校众创空间研究意义

1. 政策驱动

众创空间是顺应新一轮科技革命和产业变革新趋势，有效满足网络时代大众创新创业需求的新型创业服务平台。众创空间作为针对早期创业的重要服务载体，为创业者提供低成本的工作空间、网络空间、社交空间和资源共享空间，与科技企业孵化器、加速器、产业园区等共同组成创业孵化链条。众创空间的主要功能是通过创新与创业相结合、线上与线下相结合、孵化与投资相结合，以专业化服务推动创业者应用新技术、开发新产品、开拓新市场、培育新业态。发展众创空间是推动大众创业、万众创新的有力抓手，是深入落实创新驱动发展战略、优化创新创业生态环境的重要举措，对于激发全社会创新创业活力、加速科技成果转移转化、培育经济发展新动能、以创业带动就业具有重大意义。

2015年3月2日，国务院办公厅印发了《国务院办公厅关于发展众创空间推进大众创新创业的指导意见》，明确了发展众创空间、推进大众创新创业的指导思想、基本原则、发展目标，提出了加快构建众创空间、降低创新创业门槛、鼓励科技人员和大学生创业、支持创新创业公共服务等八项重大任务，是推进众创空间快速发展的纲领性文件。

和传统的孵化器相比，众创空间更多的是一种创业文化氛围环境和社区的概念，注重的是综合服务能力，另外还应包括创业指导、技术支持、资源整合以及多方面的服务。众创空间的建立，将为大学生创新创业提供良好的工作空间、网络空间和社交空间。充分利用高校优势资源建设众创空间，对于深化高校创新创业教育改革，促进高校毕业生更高质量创业就业和推动“大众创业、万众创新”的持续蓬勃发展，具有十分重要的意义。

2016年2月14日，国务院办公厅又印发了《国务院办公厅关于加快众创空间发展服务实体经济转型升级的指导意见》，提出为充分发挥各类创新主体的积极性和创造性，发挥科技创新的引领和驱动作用，紧密对接实体经济，有效支撑我国经济结构调整和产业转型升级，需要继续推动众创空间向纵深发展，在制造业、现代服务业等重点产业领域强化企业、科研机构和高校的协同创新，加快建设一批众创空间。

2017年7月，国务院印发《国务院关于强化实施创新驱动发展战略进一步推进大众创业万众创新深入发展的意见》，强调由科技部牵头负责引导众创空间向专业化、精细化方向升级，支持龙头骨干企业、高校、科研院所围绕优势细分领域建设平台型众创空间。探索将创投孵化器等新型孵化器纳入科技企业孵化器管理服务体系，并享受相应扶持政策。要求国家发展改革委、工业和信息化部、国务院国资委、全国工商联等单位按职责分工负责鼓励大型企业全面推进“双创”工作，建设“双创”服务平台与网络，开展各类“双创”活动，推广各类大型企业“双创”典型经验，促进跨界融合和成果转化。建议国家统计局牵头负责进一步完善新产业、新业态、新模式统计分类，充分利用大数据等现代信息技术手段，研究制定“双创”发展统计指标体系，科学、准确、及时反映经济结构优化升级的新进展。

2. 高校发展众创空间自身优势

高校在建设众创空间推进创新创业方面有着独特优势。第一，高校是青年和科技力量的云集地，而青年学生和科技工作者是创新创业的生力军；第二，高校是创新思想的生产基地，有利于引领创新的社会文化；第三，高校学科门类齐全，有利于学科交叉融合进行知识的创新；第四，高校的教育资源丰厚，有利于创新创业型人才培养，一方面为科技创新培养一流科学家等拔尖人才，另一方面为社会培养、输送高级管理人才和高端技术人才；第五，高校的科研条件优越，有利于产出大量科研创新成果并转化为生产力；第六，高校能够利用资源平台培育和孵化高新技术企业。高等院校要发挥人才优势、科技资源和创新优势，充分利用现有资源和孵化经验，构建开放式、协同式的创新平台，以众创空间为载体，支持科研人员、高校师生转化科研成果、开展科技创业，切实推进“大众创业、万众创新”。

目前，国内由社会组织、企业、研究所、高校等各种机构建立的众创空间有7000余家（截至2017年6月底统计数据），其中高校建设的众创空间近1000家。就样本区域陕西省而言，目前有45家国家级、91家省级众创空间，陕西省科技部门还联合高校、社会资本设立了微种子、微天使基金，实施高校众创空间全覆盖计划，目前70个高校已建立78家众创空间，基本实现理工类高校全覆盖。

众创空间作为一种新型孵化器，必将在高校师生的创新创业领域发挥重要作用。然而，高校众创空间与社会其他组织创办的众创空间必然存在服务领域和科技含量等多方面的差异，如何使高等院校在大学科技园、创新创业园、科技企业孵化器等孵化模式的基础上，有效推进互联网+众创空间，是现阶段高校创新创业教育需要解决的主要问题。国家级众创空间情况如表5.1所示。

表5.1　国家级众创空间认定情况

认定批次	批准时间	总数量/家	高校众创空间数量/家	应用型高校众创空间数量/家
第一批	2015年11月	136	6	0
第二批	2016年2月	362	22	5
第三批	2016年9月	839	53	11

3. 存在问题

经过几年快速发展众创空间已经成为我国创新创业的动力来源，高等院校作为创新动力的重要来源，陆续建立起各自的众创空间，但由于科教资源分布、区域经济、社会和文化的差异，各高等院校建立的众创空间发展过程中也暴露出一些问题，发展状况千差万别、良莠不齐。

（1）众创空间政绩指标化明显，引发资源闲置现象严重。短期内蜂拥而至引发载体过剩。一方面，各地方为响应众创空间建设，制定各类规划鼓励众创空间建设，短期内各类众创空间一拥而上，形成市场井喷，导致表面繁荣，未能从实质上促进创新创业。另一方面，有些欠发达地方为了完成指标，粗暴地“拉郎配”，将不属于创新创业的项目放到众创空间。很多众创空间“有店无客”的现象频见，人员参与度、活跃度都较低。

（2）盈利能力较弱。一些众创空间的生存受影响，有些甚至是依靠政府的补贴来维持。这与形成和发展众创空间的初衷相悖，需要加以改进。

（3）舆论误导和道具化倾向影响大众对于众创空间的认知。国外并没有“众创空间”这个词汇，而是“创客空间”，其本质是创业者注重个体创造能力的探索与发挥，并非以市场利益为主要诉求。在国内每天充斥着各种动辄上亿的创业融资新闻下，一定程度上使创业者以快速获得投融资为目的从事创业活动，忽略了“创客”的真正意义。另外，有些众创空间经常要接待大量领导、企业大咖的参观视察，严重影响了创业者的正常办公。

（4）一些高校众创空间与孵化器在孵化链上角色划分不清，自身功能定位不准。

（5）一流高校、普通本科院校、应用型本科院校、高职院校创办的众创空间存在同质现象，低端资源重复浪费，科技型创新力度不够，未能错位发展，缺乏协同机制。

（6）研究院所、高校、企业、政府、社会力量创办的众创空间尚未统筹兼顾，各自为政，封闭发展。

基于以上问题，展开众创空间与传统孵化器关系研究，高校众创空间与其他众创空间产业链、服务链合作研究，各高校众创空间协同发展研究，应用型高等院校众创空间发展模式和评价体系研究等都是亟待解决的问题。

笔者及其团队依托所在国家级众创空间，专注于应用型高等院校众创空间发展定位、运行模式及管理方式等方面研究，领会众创空间承载的时代使命，摸清中国众创空间发展现状，明晰社会众创空间和高校众创空间特别是应用型院校众创空间功能分类，探索应用型院校众创空间发展模式，预判行业趋势、厘定各主体角色划分、优化实施路径，实现创新与创业、线上与线下、技术与市场、孵化与投资相结合，为应用型高等院校广大师生创新创业提供低成本、便利化、全要素的开放式综合服务平台，助力高校众创空间在大学生创新创业教育、经济结构调整和经济增长方式转变等领域发挥出更大的作用。

二、应用型高校众创空间研究内容

第一，通过市场调研、资料查阅、理论分析等方法，比较研究高校众创空间和社会众创空间的差异性，明确高校众创空间的服务范围、自身优势和功能定位。

第二，通过对研究型大学和应用型高等院校在人才培养目标、服务区域及办学层次等方面进行多元化比较，进一步细化明晰应用型高等院校创建众创空间的方式方法、运行管理模式和发展定位。

第三，调研分析省内外此类众创空间建设情况、运行现状及存在问题，探索研究应用型高等院校众创空间发展模式，讨论确立具体实施途径，优化构建内部管理模型，健全完善区域内应用型高等院校众创空间相互之间以及与其他各类众创空间的联动机制。

第四，陕西作为古丝绸之路的起点，开展“基于所属区域和创办主体差异化视角下丝绸之路沿线众创空间统筹兼顾、协同发展机制研究”。基于创业生态系统理论对丝路沿线高校众创空间分布密度和发展状况进行调查，分析各高校众创空间的发展机制及不同构成要素之间的相互作用联系，立足各高校学科优势，结合地域产业特色，完善创新创业生态系统建设。以建设丝路沿线“高校众创空间协同发展共同体”为整体思路，构建高校众创空间资源统筹与服务集成模型，形成沿线高校众创空间创新创业聚合群，健全拉长创新创业教育链条，优化提升学科专业发展，促进高端创新资源集聚与辐射，打造自主创新源头，完善统筹兼顾、协同发展机制，结合各高校及其地域特色塑造创新链、产业链综合立交体系，借用信息化平台实现资源整合共享，推动各高校众创空间专业化、产业化、区域化发展，形成丝路沿线高校众创空间“大整合、小自主、齐发力、共发展”创新创业新格局。

第五，为了更精准、科学、高效推动众创空间建设，促进创新创业教育，探索研究建立面向区域的高效众创空间资源综合服务大数据分析平台。平台以西部地区高等院校众创空间为服务对象，在整合已有的众创空间服务平台、投融资机构服务平台、科技管理服务平台及电子政务平台等资源的基础上，通过定制化数据交换接口、分布式网络爬虫及标准化的数据导入接口实现动态数据抽取等方法为基于Hadoop集群管理平台提供数据支撑，实现数据的深入挖掘、服务的智能匹配，提供个性化、精准化、综合化的众创空间业务应用服务。详细设计如图5.1所示。

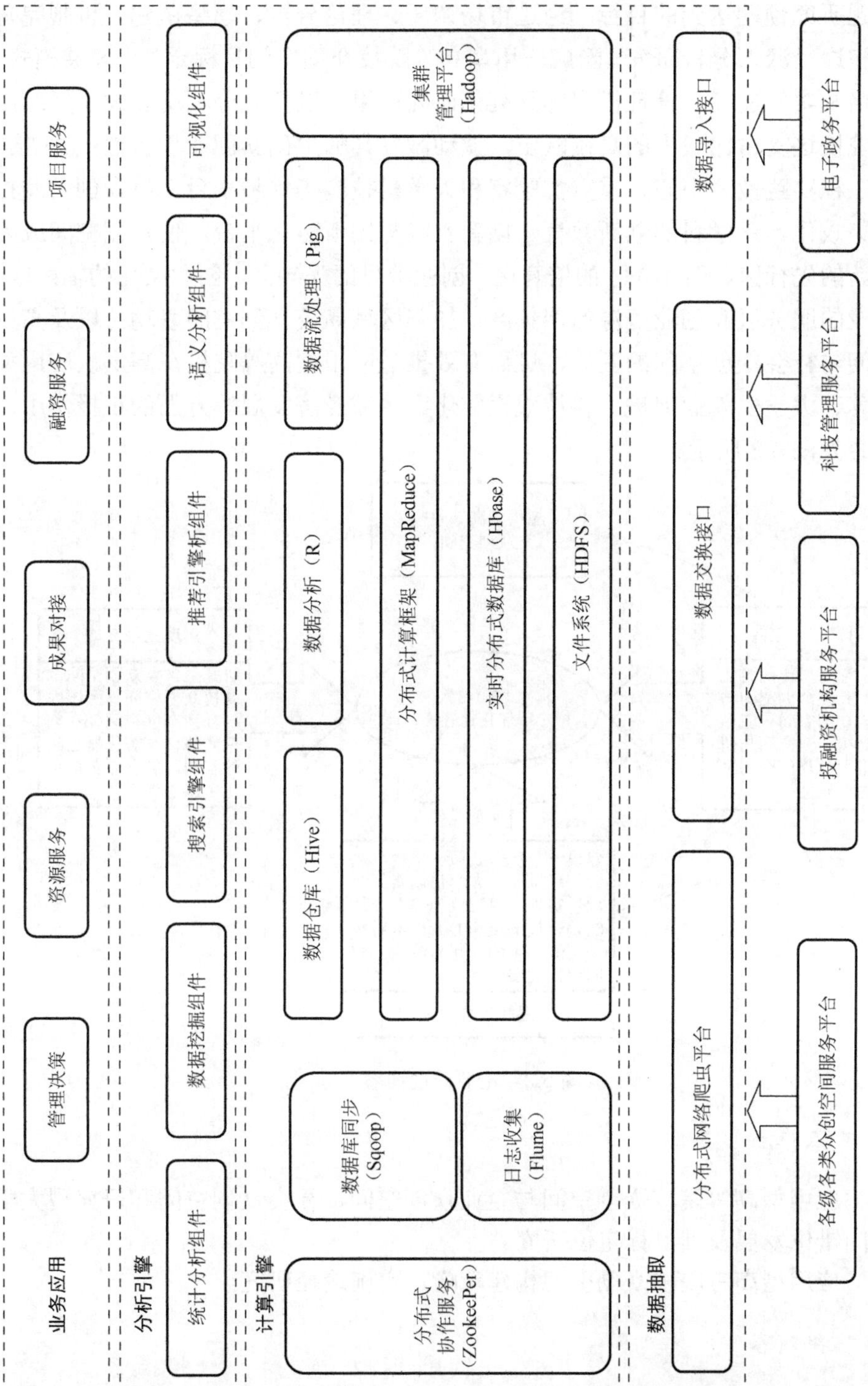

图 5.1　面向区域的众创空间大数据分析平台

课题研究预期达到的目标：经过市场调研、理论分析、模型搭建、机制完善等方法和途径深入分析研究，形成应用型高等院校众创空间目标定位、发展模式、构建策略及实施途径、管理模型等系列化研究成果，以便充分利用和发挥好应用型高等院校这支占比最大的高校队伍，调动激发其师生创新创业积极性；凭借自身已有工程实践教育中心、重点实验室和大学科技园等优势平台，将众创空间打造成为集成化、跨学科的创新教育、创新实践与创新孵化平台，使众创空间成为科技创新的先行区、创业人才的培育区、创业项目的先导区、创业文化的辐射区、初创企业的服务区和创业资源的聚集区；加强区域高校众创空间联动，以及高校众创空间与社会众创空间的互动，进而有效推进应用型高等院校在高层次应用型人才培养、大学生就业促进、科技成果转化、区域经济发展等方面的积极作用。研究内容如图 5.2 所示。

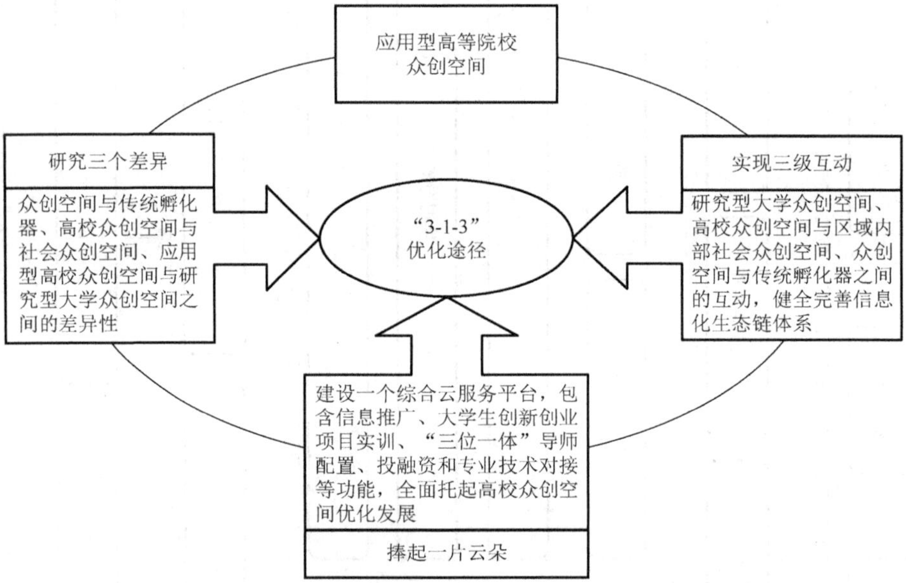

图 5.2　主要研究内容

1. 重点难点

（1）应用型高等院校众创空间与企业众创空间、社会众创空间和研究型大学众创空间错位发展及其目标定位研究。

（2）应用型高等院校众创空间构建策略、实施途径研究。

2. 主要内容

（1）探索应用型高等院校众创空间功能定位，实现与其他众创空间错位发展。

（2）以群体创新空间理论为基础，研究应用型高等院校众创空间发展模式，为其众创空间的“双创”教育模式提供理论依据。

（3）构建应用型高等院校众创空间建设运行管理模型及内外联动机制。

3. 创新点

“众创空间”作为一种新型孵化器，在服务范围、服务功能和预期价值等方面与传统科技孵化器存在区别。笔者以应用型高等院校众创空间孵化基地“双创”服务目标定位、发展模式探索和运营管理模型构建为主要研究目标，根据高校众创空间对大学师生创新创业指导、企业孵化以及管理工作的实际需求，通过借鉴国内外先进的综合服务平台建设方法，在高新技术企业孵化器科技服务平台建设的相关理论基础上，针对当前高校众创空间公共管理体系存在服务模式单一、资源有待整合、服务平台处于建设起步阶段以及众创空间利用率不高、创客存活率低等诸多问题，拟构建一个有效促进应用型高等院校众创空间健康发展的服务模型，实现内部管理和区域互动畅通有效，打造面向全生命周期的“双创”管理模式，形成高校众创空间信息化生态链体系。主要体现在以下几点。

（1）分析众创空间和传统科技企业孵化器、高校众创空间和社会组织创办的众创空间、应用型高等院校众创空间和研究型大学众创空间在服务范围、工作机制、目标定位方面的差异性，确立应用型高等院校众创空间功能结构和定位目标。

（2）围绕应用型高校创新创业教育这一核心职能，分析挖掘其建设众创空间的独特优势，研究确立此类众创空间建设运行模式，探索提炼空间发展实施途径。

（3）在孵化器创业支撑网络结构理论的基础上，提出孵化器整体网络治理机制模型，构建网络化运营的高校众创空间企业孵化器评价指标体系。

（4）运用价值链理论建立传统科技企业孵化器与高校众创空间孵化器双价值链模型。建立高校众创空间数据标准，促进区域性众创空间基础设施的整合和数据资源的汇聚应用，打破数据资源壁垒、强化基础设施统筹，推动众创空间内外联动，构建数据价值的产业生态链。

三、应用型高校开展众创空间建设路径

在“双创”时代背景下高校要进行创新创业教育教学改革创新，围绕优势专业领域建设众创空间。把握“互联网+”时代脉络，开展大学生创新创业教育，推进众创空间和创客文化建设，培养高校创客人才推崇钻研技术精益求精的工匠精神。建设路径如图 5.3 所示。

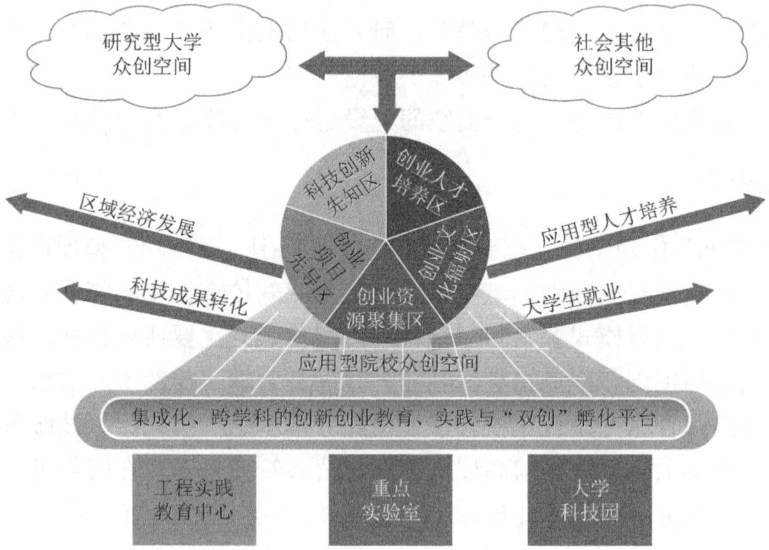

图 5.3　应用型高校众创空间建设路径

1. 应用型高校开展众创空间建设目标

应用型高校创新创业教育的改革创新，要充分发挥第一课堂与第二课堂的作用。遵循政府引导、市场运作、资源共享、服务开放的建设原则，以创新驱动发展，深化产学研用结合，引导和支撑企业技术创新，全面促进高校人才培养、应用型科学研究、成果转化和学科建设，着力构建地方政府-应用型院校-科技型企业互动共赢的特色三螺旋体系。高校利用已有的创新创业服务平台，如大学科技园、工程技术中心、重点实验室、实验教学示范中心等与社会资源协同创新，通过线上线下平台的资源整合，汇集投资机构、媒体运营和法律财务等专业化服务方，为大学生创新创业者提供新型集约化配套平台支持。

2. 众创空间为创新创业教育发挥“驿站”作用

（1）路径设计。国内众多高校根据学校自身的资源特点和发展规划对现有的大学科技园实验工程教学中心等载体进行改造升级，将其打造为众创空间，通过建设“校内创新创业学院聚集点—众创空间驿站—大学科技园区孵化加速器—高新技术孵化器”梯队型递进式孵化链条为大学生创客与小微初创企业的创客提供互联网、移动互联网设备、基本办公设施、公共软件及数据库、行政事务、创业咨询和培训等服务，以满足上述各类创客在网络办公培训等公共服务方面的需要。

（2）保障措施及实施环节。建立创业导师库，通过报告会、座谈会、杰出校友访谈等多种形式，发挥优秀创业校友的典型引领作用，开展创新创业论坛、创业文化节、演讲赛、辩论赛、征文等活动，形成敢于创新、善于创业的浓厚文化氛围，增加众创空间活动的可信度和感召力；开展创业教育学术交流活动，积极组织创业教育学术研讨会、创业论坛等活动，加强创新创业的理论研究。通过众创空间带动高校校园创业文化的宣传，努力造就一批大学生创业典型，从舆论导向、社会宣传、价值观念上鼓励创业，崇尚创业，努力营造积极创业的良好环境和氛围。

完善机制，实践育人，突出应用型院校众创空间的人才培养作用，通过高校联动企业、创客社群等活动主题的积极参与，使高校众创空间成为更具创造力的学习空间。依托高校科研服务机构联合工商税务相关机构，建立众创空间“一站式”服务平台，为高校创客提供硬件和软件等方面的支持，拓宽渠道，提升院校众创空间创业服务能力，帮助创客在事业发展中寻求外部支持，减少创业风险。

加强众创空间入驻、孵出和运营管理；重视与学校内部创新创业学院、学生社团无缝衔接；强调与产学研基地、校企联合实验室、行业联盟、大学科技园递进对接；关注与传统的孵化器、创业服务机构深度融合，做强做长“‘双创’学院—众创空间—大学科技园区—高新技术服务化器” 梯队型递进式孵化链条，积极推动应用型高校创客的科技成果转化为现实生产力的可能性，以较为超前的技术手段引领市场需求，加快企业向市场化、专业化、网络化和开放化发展，通过成果应用体现创新，通过成果转化创造价值。

第三节　西部地区高校众创空间建设情况调查

笔者以丝绸之路经济带西北五省（自治区）200 余所高校为研究对象选取样本进行调查分析，高校分布如图 5.4 所示。在近 50 所样本院校中进行深入走访、发放问卷调查，包含重点大学、应用型本科院校及部分高职院校，主要调查创客空间情况如下。

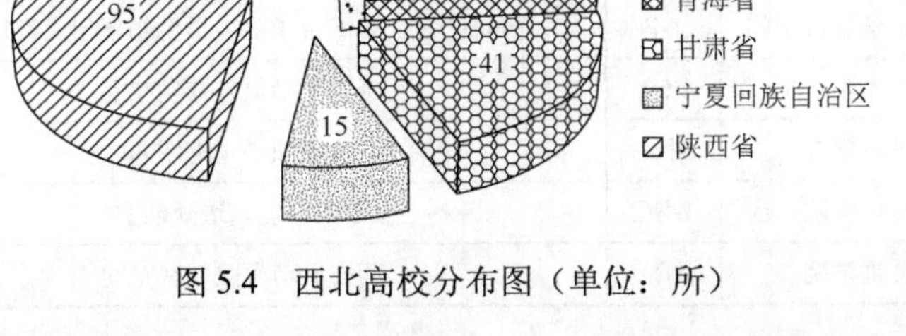

图 5.4　西北高校分布图（单位：所）

一、西北五省（自治区）建设众创空间部分高校名单

西北五省（自治区）建设众创空间部分高校名单如表 5.2 所示。

表 5.2　西北五省（自治区）部分高校众创空间名单

省（自治区）	学校名称	类型	众创空间名称	级别
新疆	新疆大学	综合	新疆国家大学科技园创客驿站	国家级
	新疆财经大学	财经	新财大学生逐梦创客	市级
	乌鲁木齐职业大学	综合	乌鲁木齐职业大学博梦工厂	省级
青海	青海师范大学	师范	青海师范大学大学生众创空间	省级
甘肃	兰州大学	综合	兰州大学科技园萃英众创空间	国家级
	兰州交通大学	工科	兰州交通大学创客之家众创空间	国家级
	兰州理工大学	工科	兰州理工大学科技园众创空间	省级
	西北民族大学	民族	西北民族大学多民族大学生众创空间	省级
	西北师范大学	师范	西北师大省级专业化众创空间	省级
	河西学院	综合	河西学院大学生众创空间	省级
	兰州文理学院	综合	兰州文理学院“雁苑微林”众创空间	省级
	兰州工业学院	工科	兰州工业学院 A·力创客空间	省级
	兰州职业技术学院	综合	兰州职业技术学院众创空间	省级
宁夏	宁夏大学	综合	宁夏大学众创空间	国家级
	北方民族大学	民族	北方民族大学“互联网+众创空间”	市级
陕西	西安交通大学	综合	西安交通大学众创空间	国家级
	西北工业大学	工科	西北工业大学“飞天”创客空间	省级
	西北农林科技大学	农林	西北农林科技大学青年农业众创空间	省级
	西安电子科技大学	工科	西安电子科技大学星火众创空间	省级
	西安邮电大学	工科	西安邮电大学大学生众创空间	省级
	西安理工大学	工科	陕西理工大学“秦巴雏鹰”众创空间	省级
	西安科技大学	工科	西安科技大学 PDS 众创空间	省级
	西安工程大学	工科	西安工程大学时尚文化创意产业园	省级
	西安交通大学城市学院	工科	西安交通大学城市学院大学生创新创业孵化园	市级
	延安大学	综合	延安大学星云众创空间	市级
	西安外事学院	财经	“鱼化龙”众创空间	省级
	宝鸡文理学院	师范	机器人智能制造众创空间	市级
	西安文理学院	师范	西安文理学院创客空间	市级

续表

省（自治区）	学校名称	类型	众创空间名称	级别
陕西	渭南师范学院	师范	渭南师范学院创客空间	国家级
	咸阳师范学院	师范	咸阳师范学院西咸软件众创空间	市级
	西京学院	工科	西京学院创新创业中心	省级
	西安培华学院	综合	西安培华学院创客中心	省级
	西安科技大学高新学院	工科	西安科技大学高新学院创业孵化基地	市级
	榆林学院	师范	榆林市大学生创客空间	省级
	安康学院	综合	安康学院大学生创新创业孵化基地	市级

二、部分应用型本科院校众创空间情况

1. 延安大学（延安大学星云众创空间）

为适应高等教育创新创业教育改革的需求，贯彻落实延安市“大众创业、万众创新”推进会议精神，为更多的青年学生提供创新创业交流平台，2016年1月，依托创业孵化基地的空间及团队基础，成立了“延安大学星云众创空间”。通过举办创新创业沙龙、项目评估、成果展示、经验分享、项目推介等活动，汇聚创新创业人群，营造创新创业环境，凝练创新创业项目，提升创业孵化质量，助力创新创业教育改革，创业孵化基地的功能得到进一步拓展，服务学生的能力进一步提高。获批延安市众创空间之后，该校大学生的创新创业活动可以纳入延安市统一规划，得到延安市政府在经费、项目、政策等方面的支持，对于提升该校大学生创新创业能力将发挥重要作用。

2. 西安文理学院（西安文理学院创客空间）

2016年初，西安文理学院划定专门场地、下拨专项经费，建成了“西安文理学院创客空间”。作为大学生创新创业公共服务平台和学校创新创业人才培养基地，创客空间秉承用户创新、大众创新、开放创新、协同创新的工作理念，为学生构建以创新创业教育，创业能力训练，创业项目遴选、帮扶，创业企业孵化为一体的创业孵化生态链，从而促进大学生创业就业，服务地方经济发展。

3. 榆林学院（榆林市大学生创客空间）

榆林市大学生创客空间入驻包括高新科技类，电子信息类，文化产业类，现代产品研发、销售、商贸运营类等项目24个。据相关负责人介绍，今后，该创客空间将不断创新服务模式、拓展服务功能、提升服务能力、探索服务机制，主动

接受社会和创业大学生监督，及时总结经验，为全市大众创业、万众创新的稳步发展作出贡献。

4. 渭南师范学院（渭南师范学院创客空间）

渭南师范学院众创空间成立于 2015 年 2 月，办公区域面积 2000 平方米，拥有独立办公区域 25 个，集中办公区域 6 个，集中办公区域可同时供 200 人拎包入驻办公。2015 年 12 月，陕西省科学技术厅授予“渭南师范学院创客空间”为首批“陕西众创空间孵化基地”；2016 年 2 月，科技部授予“渭南师范学院创客空间”为“国家级众创空间”，并纳入“国家级科技企业孵化器”。

5. 宝鸡文理学院（机器人智能制造众创空间）

宝鸡文理学院牵头建设了“机器人智能制造众创空间”，参与单位有宝鸡市机器人智能制造产业园和宝鸡市机器人产业协会。“众创空间”将依托该校“机器人智能制造创业创新团队”，开展以学生、教师、其他科技工作者为主体的“双创”活动，担负人才培训和技术创新服务的任务。宝鸡市机器人产业协会聚焦区域行业的现实需求，为“双创”活动提供具体目标和产学研对接服务。宝鸡市机器人智能制造产业园发挥产业服务和示范应用的职能，广泛吸纳优质项目、团队入驻，实现面向市场的孵化工作和示范工程。

6. 北方民族大学（北方民族大学众创空间）

北方民族大学多年来坚持把大学生创新创业教育融入人才培养全过程、全覆盖。加强组织领导，深化创新创业教育改革，坚持“以兴趣驱动，以创新引领创业，以创业带动就业”的育人理念，实施了“双驱动”+“三位一体”的创新创业型人才培养模式，构建了“注重顶层设计、强化育人特色、加强课程建设、培养师资队伍、建立激励机制、完善制度保障”的创新创业教育体系，建设有众创空间，学校创新创业人才培养取得成效显著，为其成功入选全国首批深化创新创业教育改革示范高校奠定了坚实的基础。

7. 兰州交通大学（创客之家）

兰州交通大学成立了“创客之家”后，学校拿出固定的空间，把所有有创新想法的大学生集中到一起，交换想法、激发创意。同时，学校的 23 名省级创业导师也成为“创客之家”的坚强后盾。在“创客之家”培育想法，在创业导师的指导下形成创新项目，通过各类大赛对项目进行锤炼，有创业打算的学生可以进入学校科技园对自己的项目进行孵化。这是兰州交通大学创客成长的路线图，在创客成长的每一步，都有学校的参与，都有老师的指导。该校下一步将重点建设大学生创新创业实训基地，实施以“机器人创新创业实践平台”“移动互联网创新创业实践平台”“电路印刷板实践训练平台”为代表的20个项目，为师生创新创业提供优质的环境和条件，打通从创新到创业的“最后一公里”。

8. 新疆财经大学（逐梦创客）

新疆财经大学在自治区高校中，率先成立了创新创业学院、建立了创新创业基金和孵化基地，为众创空间的建立奠定了坚实基础。做好众创空间建设工作，不断创新服务模式，拓展服务功能，加强创业指导，强化基金支持和融资服务，开展丰富多彩的创业活动，发挥好引领示范作用，为在自治区加速形成大众创业、万众创新的良好局面作出应有的贡献，“逐梦创客”成功获批为新疆维吾尔自治区级众创空间。

9. 河西学院（影视创客空间）

甘肃大乘影视科技有限公司与河西学院共同建设的“河西学院3D影视制作实训基地暨影视创客空间”，将实训基地和创客空间真正建成学生专业实训的平台，创业、就业的孵化基地。

10. 兰州理工大学（兰州理工大学众创空间）

兰州理工大学历来注重创新教育实践和大学生创新创业，学校顺应“大众创业、万众创新”的时代号召，从人力、财力、物力等多方面大力支持众创空间建设，也诚邀社会各界优秀创业资源融入兰州理工大学、融入兰州理工大学众创空间，助力科技项目快速转化，更好地服务甘肃地方经济发展。兰州理工大学众创空间建设成效明显，对引进的创业团队和项目兴趣浓厚，鼓励兰州理工大学众创空间要再接再厉，在建设一流水平的高校众创空间道路上不断前行。目前，兰州理工大学众创空间总投资近300万元，建成集萃智创新创业实验室、创业苗圃、创客俱乐部、洽谈室、路演室、创业见习基地、虚拟众创空间等软硬件及办公空间，实现了由创新教育—育苗—孵化—加速成长—落地生根这样一个全过程的线上线下的产业孵化链条。

第四节　高校众创空间孵化基地管理平台研究

为了“大众创新、万众创业”的快速推进，高等院校要发挥人才优势、科技资源和创新优势，充分利用现有资源和孵化经验，构建开放式、协同式的创新平台，让创业企业能够快速实现技术与市场、技术与产品的对接，以众创空间为载体，支持科研人员、高校师生转化科研成果、开展科技创业。目前全国注册的各级各类众创空间有7000余家，其中高校建设的各种众创空间就有900余家，作为一种新型孵化器，必将在高校师生的创新创业领域发挥重要作用。在高等院校大学科技园、创新创业园、科技企业孵化器等孵化模式的基础上，推进互联网+众创空间，构建高校众创空间孵化基地创新创业管理云服务平台，使众创空间发展为市场化、专业化、集成化、网络化相结合创新创业的新型管理和服务模式，实现创新与创业、线上与线下、孵化与投资相结合，为小微创新企业成长和师生个人创业提供低成本、便利化、全要素的开放式综合服务平台。

一、研究目的、意义

高校众创空间孵化基地创新创业管理云服务平台设计与应用项目以云计算技术为依托，在创客空间、创新工厂等孵化模式的基础上，构建发展面向市场化、专业化、集成化、网络化的众创空间信息综合服务与管理模型，设计云众创空间管理服务平台，为创客量身打造全方位、管家式的创业帮扶计划及综合信息服务，为管理者提供管理服务信息，既培育有创业潜力的教师和学生，也重点支持符合“互联网+”与新金融趋势的创业团队，让处于不同阶段的创业者可以在云众创空间找到自己成功创业的机会，在创业的各个阶段能够依托平台完成创业孵化过程的全方位帮扶支持，提供创业孵化过程全生命周期的管理和服务。

高校众创空间孵化基地创新创业管理云服务平台既具备创业孵化载体平台的一般特点，也具有鲜明的自身特征，满足以高校为依托的创业实体和创业个人，平台特点主要体现在以下几个方面。

（1）统筹服务信息资源，降低服务成本。通过云服务平台的资源管理模块，充分利用已有条件，盘活存量设施和场地，通过开放共享降低运营成本，向创新创业者提供低成本的创业场地、设备设施、宽带网络、开源软硬件、商务服务等基础条件和服务。

（2）提供一站式网络服务，增强服务效率。创业者或创业实体通过注册及相关审核开通综合服务平台，开启创新创业服务和管理模式，提供全生命周期的一站式服务，为高效率的研发、融资、商务、管理等提供相关服务支持。

（3）整合全方位资源，实现全要素融合。高校众创空间孵化基地创新创业管理云服务平台具备较强的资源整合能力，能够积极推进资本、技术、人才、市场等要素不断融合，为创新创业提供全方位的增值服务。

（4）构建开放式平台，实现角色区分服务。通过线上与线下相结合，面向大众创新创业者开放设备设施、信息资源和工作空间，提供交流、分享、互动的社交平台。

（5）设计标准，实现信息互通。建设高校众创空间信息交换标准，实现众创空间信息交换的标准化，提高不同众创空间平台之间的信息共享能力，为进一步实现全省范围内众创空间资源统筹和统一管理服务提供基础。

通过对高校众创空间企业孵化器科技服务模型的分析，构建基于面向服务（SOA）的分布式创新创业管理云服务平台架构，进行平台系统的框架建模、作业流程建模、监控服务建模、管理服务建模、统一的业务数据库及实体数据服务建模，以确保软件的分布式重用及敏捷集成。最终建设成一个有效促进创新创业服务的高校众创空间孵化基地创新创业管理云服务平台，平台的建设由管理平台、信息服务平台、投融资平台和专业技术平台等四个功能模块组成。每个平台下又整合多个与创新创业企业或团队成长密切相关的资源。平台的各项服务功能需要针对企业发展的不同阶段进行动态调整，即做到准确把握和解决问题，又使得有限的资源得到合理的利用，实现平台系统服务高校众创空间管理、企业孵化与长期发展的目标。

二、项目的必要性及市场需求分析

1. 项目技术攻关的必要性

本书针对国内外众创空间孵化基地云服务平台的建设开展实证研究，结合高校众创空间的特点及区域科技企业孵化的发展现状，探索建立一个符合高等院校师生创新创业企业孵化和中小型科技企业发展需求的公共服务平台，以期通过平台的建设创造良好的众创空间孵化环境，满足科技型小微企业发展和高新技术创新创业管理的需求。

（1）高等院校创新创业的需求。在创新型的现代科技活动中，一般需要具备四个基本要素，即风险资本、开展科研活动的基础设施、具有创新思想和创新能力的人才以及有利于活跃思想的文化氛围。通过高等院校科技园区的政策引导，利用社会各方资源加强科技资源的统筹安排，建立高等院校众创空间科技创新资源共享平台，向高校师生及校友提供科技公共服务，提高校园内部各类科技资源的利用率，提高科技投入产出效率是促进高校科技创新的动力。高校众创空间孵化基地创新创业管理云服务平台的建设不但为科技类高校公共服务活动的开展提供优质的基础设施，还可以为科技类创新创业活动的有序开展创设良好的文化氛围，对众创空间的具体运行实施监督治理。

（2）高校创新型小微企业市场运营的需要。影响科技型小微企业发展的主要因素除了技术创新以外，产品市场和销售渠道也是事关企业生死的关键因素。创新型小微企业凭借一己之力建立市场渠道所需的资金、人力成本往往较高，是单个企业或创新团队难以承受的。但是如果由创新创业企业孵化器在公共服务平台的建设中加入市场拓展和销售渠道建立这一环节，通过对平台的客户资源进行共享，那么创新型小微企业普遍面临的从商品到市场的转化的难度系数将有所降低。另外，平台的建设还将在一定程度上协助建立规范的市场规则和减轻信息不对称给企业带来的不利影响，满足企业市场运营的需要。

（3）高校创新创业活动资源整合的需要。我国的区域创新体系包括企业、高校、科研院所、开发区、特色产业基地等创新载体，高校长期以来在人才、科技成果、实验室资源等方面有较大优势，但缺乏成果转化机制、市场敏锐度等，在国家“双创”的带动下，以市场机制为纽带，通过高校众创空间孵化基地创新创业管理云服务平台把高校和各创新载体联结在一起，使其具有技术转移、技术研发、资源共享、孵化培育等功能，将对科技成果转化、科技与经济的紧密结合具有很强的促进作用。充分利用和发挥平台的各项功能，促进小微企业孵化器对创新创业的抚育功能，发现、遴选和培育具有前瞻性、成长性、带动性的技术“源头”团队或企业，推动战略性新兴产业形成与发展，由此可见，高校众创空间孵化基地创新创业管理云服务平台公共服务平台的建设是区域创新体系构架的重要组成部分，是高校科技创新的重要支撑。

2. 项目的市场需求分析

本项目研究中的高校众创空间孵化基地创新创业管理云服务平台通过以我国西部地区一所应用型院校国家级、省级众创空间建设运营为研究实例，主要针对高等院校的科技成果转化、科技企业孵化服务及大学师生创新创业孵化服务。通过设计、实现云服务平台，能够为高等院校师生创新创业团队或小微创新企业提供全生命周期的服务与支持，在整合资源、引导创新企业快速健康发展壮大方面可以发挥重要作用。另外，通过接口的标准化，可以在全省乃至全国形成统一的信息资源交换编码，形成面向全国、面向行业、面向对口资源的互联网+创新创业服务新型生态体系。

三、相关领域国内外技术现状、发展趋势及现有工作基础

1. 国内外技术现状、专利等知识产权情况分析

自2011年起，各地、各行业纷纷建立起相应的各种类型的高新技术企业孵化器科技服务平台，或将已有的科技公共服务机构置于国家的统一体系之内，之后的一段时间里，针对高新技术企业孵化器科技服务平台的构建过程、结构、功能

和内部运行机制出现了大量的研究，这些研究具有典型性和针对性，对进一步研究高校众创空间孵化基地创新创业管理云服务平台的模式和机制提供了宝贵的经验。

当“大众创业、万众创新”从口号落实到行动，各种类型的众创空间也如雨后春笋般在全国涌现，众创空间服务信息化平台也出现了一批。例如，腾讯开放平台（众创空间）、创客总部、北大创业孵化营、YOU+国际青年社区等孵化器平台，其中除了腾讯开放平台之外，都属于单一的企业孵化器类型，腾讯开放平台虽然服务对象是创客空间平台，但主要停留在提供技术空间服务方面。

综合以上可见，目前针对传统科技孵化器建设的综合管理平台比较多，但新型的众创空间孵化器管理服务平台仍然较少，高校众创空间管理平台建设更是滞后，高校大多采用科研综合管理平台或大学生创新创业项目管理系统进行众创空间的简单管理，因此研发高校众创空间孵化基地创新创业管理云服务平台迫在眉睫。

2. 国内外技术发展趋势

目前国内外大部分众创空间孵化器科技服务平台大多针对部分特定功能的实现，缺乏全局性和综合服务能力。为进一步提高高校众创空间企业孵化成功率、增强高等院校的科技服务能力、解决当前孵化器中存在的共性问题，进一步研究的高校众创空间孵化基地创新创业管理云服务平台应能够满足高等院校创新创业企业或团队在不同创业发展阶段的需求。国内众创空间孵化基地服务平台有进一步通过云端信息集成的趋势，如腾讯开放平台。这种云端平台可将公共服务平台的功能拓展至信息、中介、融资、导师、技术等多个层面，这有助于充分利用孵化器外部资源并加以整合分类，为在孵化企业提供全方位的服务，甚至将孵化器的孵化触角延伸至企业文化建设的更高层面。国外众创空间孵化基地服务平台目前有通过大数据综合分析功能为创新创业团队提供智能化量身定制的服务功能，如 WeWork 众创空间，通过对创业团队网络行为的分析，智能化的推送相关的创业扶助信息，正是这些精准的服务功能使其市值从 2012 年的 1 亿美元提高到 2015 年的 100 亿美元。

四、项目计划目标及主要研究内容

1. 主要目标

（1）构建师生一体化创新创业平台。在高校众创空间孵化基地创新创业管理云服务平台上可实现高等院校教师、学生的创新创业服务，教师和学生可在平台上分别实现其创业思想，也可以组建师生创业团队，达到共同开发、共同经营、共同承担风险、共同分享收益的目的。针对不同的角色实现具有针对性的智慧化创业引导，在针对不同的创业对象及不同的创业阶段，实现在平台上的帮扶及管理。

（2）项目对接人才培养，改革人才培养模式。“众创空间”之所以能够极大地激发创新创业的活力，是由于多方面的因素能够更好地服务创新，进而形成了“合力”，搭建起了适于“创客”生存、创新创业生根发芽的科学、健康的生态系统。其中的一些思想、手段及成功经验，对于高校进一步开展创新型人才培养具有重要的推动作用，高校众创空间孵化基地创新创业管理云服务平台将积极营造“分享、奉献、公平、积极参与”的创新型人才成长的氛围，将实践纳入检验创新型人才培养效果的评价体系中，建立“以解决实际问题为导向”的教育方法，建设符合创新型人才的成长规律的全方位、全要素、立体式的创新、创业人才培养模式。

（3）构建众创空间生态链体系。创新生态链包括基础研究、应用专业研究、应用试验研究、成果孵化与技术转让、规模生产和市场运作等环节，它由创新支持系统和创新平台建设组成，其中创新支持系统又分为智力支持系统、发展支持系统、环境支持系统和基础支持系统。不同的支持系统的内容和建设重点不同，智力支持系统侧重于人才建设，发展支持系统强调资本、研究孵化和技术扩散对创新的作用，环境支持系统注重高新区的机制体制、创新文化培育和创新政策改进等，基础支持系统体现为园区的基础建设和创新服务供给。高等院校众创空间服务管理平台应以人才支持系统为切入点，以基础支持系统和环境支持系统为基本保障，以发展支持系统为重点，构建面向全生命周期的创新创业管理模式，通过充分发挥创新主体大众化、创新范式开放化、创新推动市场化、创新资源充足和自由流动等关键创新因素，形成新型创新创业生态体系。

（4）建设面向高等院校的众创空间信息标准。众创空间信息服务平台数据资源的共享是一项跨部门、跨地区的社会系统工程，平台建设初期，如果没有完善的考虑数据资源的标准问题，数据资源分散现象严重，会导致各系统和各单位实现数据资源的交换共享实现困难，因此必须建立众创空间信息平台开放的数据接口及统一的数据库标准，以推动数据共享的实现，促进众创空间信息服务平台的横向及纵向发展。

2. 研究与开发内容

本项目以高校众创空间孵化基地“双创”服务平台的设计与应用为实施目标，根据高校众创空间对大学师生创新创业指导、企业孵化及管理工作的实际需求，通过借鉴国内外先进的孵化器综合服务平台建设方法，在高新技术企业孵化器科技服务平台建设的相关理论的基础上，针对当前高校众创空间公共管理体系存在服务模式单一、资源有待整合、服务平台处于建设起步阶段等问题，建设一个有效促进这类众创空间迅速发展的综合信息服务平台。该平台包括信息平台、大学生创新创业实训项目管理平台、三位一体（企业市场、政府政策、高校技术）的创业导师配置平台、投融资平台和专业技术平台等功能模块。通过构建数据交换平台来解决孵化基地内外系统间数据对接和交换的业务需求，建成紧耦合型两级架构的众创空间孵化基地平台，形成一个无缝对接的“双创”服务数据中心和管理沟通平台，建设与其他众创空间孵化器的标准接口，进而形成全省高校众创空间孵化器管理云服务平台，实现“双创”资源的整合利用，形成“软件即服务”（SaaS）的“双创”管理模式，实现身份统一、信息互通、业务互联、数据共享。基于 SOA 的众创空间统一信息共享平台采用 SaaS 的基本服务模式，将资源整合、投融资决策、创客帮扶、成果对接、项目管理以及其他互动交流平台进行综合集成，形成统一的信息共享中心，为充分挖掘数据价值，实现精准服务提供数据支撑，在统一管理模式下服务的生命周期得以延长，对创客的帮扶更加精准和智能，平台架构如图 5.5 所示。

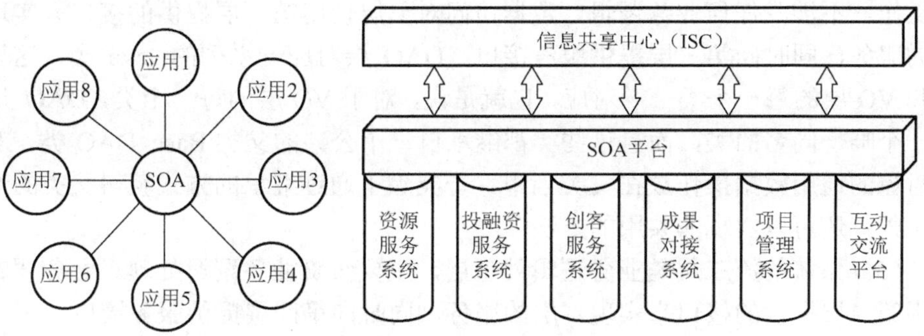

图 5.5　基于 SOA 的众创空间统一信息共享平台架构

研究开发内容主要包括两个方面。

其一，进行高等院校众创空间孵化与运行理论研究，建立孵化器模型。

本项目的研究综合应用苗床理论、科技创业理论和科技创新理论以及社会生态系统的思想，在对国内外众创空间孵化器网络化运营及其管理进行比较研究的基础上，提出科技企业孵化器网络化运营创新的研究框架，系统分析众创空间孵化器网络化运营的价值主张与创新，提出差异化战略、提升顾客价值和缔结战略联盟等基于价值链的价值创新战略；深入探讨众创空间孵化器的内部网络形态和外部网络体系，构建众创空间孵化器的创业支撑网络，搭建网络化运行的支撑平台，为网络成员与在孵企业提供了信息交流、合作研发、成果展示和知识共享的机会，并形成以契约治理、网络治理和第三方治理为主的整体网络治理机制。在此基础上，对其网络化运营的盈利模式进行设计，并构建网络化运营的众创空间孵化器孵化的运行系统模型及相关指标评价体系，通过模拟分析的方法对其网络化运营现状及孵化器模型进行评价。

其二，将高等院校众创空间孵化器模型通过服务平台软件予以实现。

本项目设计的高等院校众创空间孵化器创新创业服务平台采用 Java 技术开发，使用 Spring 与 Hibernate 等框架。平台可以稳定运行于 Windows、Linux 和 Solaris 等多种支持 Java 的操作系统，其通用的数据存储设计可支持 Oracle、My SQL、MSSQL 和 Postgre SQL 等多种主流数据库。

系统总共可以划分为 4 层，采用 Spring+JPA 开发模式。分别是位于最底层的数据库持久化层和实体类层，第二层的数据对象访问层，第三层的业务逻辑层，第四层的 UI 表示层。每一层的操作都被包封在本层，上层的服务使用本层提供的服务接口，本层的实现需要调用下一层的服务接口。

（1）系统最底层是 VO 层和数据库层，这两层主要负责数据的持久化。VO 层中对应一系列的 Java 实体类，这些实体类使用 JPA 框架提供的方法进行注释。

（2）系统第二层是数据访问对象层，这一层主要负责对实体对象的增删与改查操作，不涉及任何业务逻辑。数据访问对象层使用第一层提供的接口来实现本层的服务，同时向第三层提供服务接口。DAO 层对应一系列的 Java 类，这里的类和 VO 层的每一个类一一对应，也就是说，对于 VO 层的每一个类，DAO 层都有一个唯一同名的类，而且这些类都继承自一个公共的父类 Base DAO 类。对单个对象的通用数据操作放在父类当中。子类除了通过继承的方式获得父类的通用方法外，还可以实现非共用的方法。

（3）系统的第三层是业务逻辑处理层，主要负责业务逻辑处理。业务逻辑层使用第二层提供的接口来实现本层的服务，同时向第四层提供服务接口。

（4）系统的第四层是 UI 层，这一层主要负责网页的显示，以及用户和系统的交互用户请求的转发，处理和返回，使用第三层提供的接口来实现本层的服务。

3. 项目的技术关键及难点

（1）构建高等院校众创空间孵化器模型。首先构建孵化器创业支撑网络的结构模型；其次提出以契约治理、网络治理和第三方治理为主，三者相互补充、交叉强化而形成的一个整体网络治理机制模型；最后通过问卷调查和专家面谈收集数据，利用层次分析法和模糊综合评价法对科技企业孵化器的孵化力进行评价，构建网络化运营的众创空间孵化器评价指标体系。

技术难点：国内外专家近年来提出了多种孵化器模型理论，各自有不同的侧重点和应用领域，并且在此基础上建立了孵化器指标评价体系，但针对高等院校众创空间的孵化器模型相对较少，并且没有成熟的指标评价体系，因此建立众创空间的孵化器模型指标评价体系无经验可参考，是该研究的难点之一。采用

MatLab 仿真等形式，在修正指标的情况下，通过模型测试对比效果，最终形成高等院校众创空间指标评价体系。

（2）构建平台框架和结构关系。根据创新创业企业孵化器平台和“双创”服务业务平台的框架模型，在硬件结构方面，拟采用三层结构，分别为后台服务器层、应用程序服务层、客户端层，并将后台服务器层的各种应用服务布置在云服务器上，实现服务的外部推送及有效整合，采用该结构的优点是部署简单，维护方便，软件的健壮性好，对软件的实现能提供较好的支持。软件结构拟采用三层结构实现基本功能。

技术难点：创新创业孵化器业务流繁多并且有很大灵活性，如何在架构上处理好各种服务流的相互关系，使该平台是一个集信息发布、在孵企业管理、技术交流、融资服务、科技资源的统一综合体。同时该平台要求能突破地域限制，部署在云服务平台上，成为不受地域限制、功能灵活扩充、动态实时服务的高新技术企业孵化平台。

（3）多角色统一身份管理。高校众创空间孵化基地“双创”服务平台作为一个集创新创业团队、园区管理者、投资人、科技交流普通用户等多种角色的创新管理平台，具有角色较多，并且来自不同领域的特点，因此给平台的角色管理及平台的安全性带来了一定的挑战。每种角色既是信息的提供者，又是信息的使用者，因此在角色管理方面必须考虑不同角色的权限和业务流，在实现区分服务的基础上，建立多角色统一身份管理平台，在保证平台安全的前提下，建立用户管理的分级审查和信息真实性的分级审查，实现多角色统一认证服务。

（4）资源的共享与业务流的动态扩充。在整合现有的科技信息管理系统的基础上，形成科技服务资源共享平台，将各类科技资源通过统一的数据标准在区域内共享并形成有效的交流机制，实现众创空间平台内部的资源共享及数据的动态交流，并且在此基础上通过标准化建设，实现高校与高校之间众创空间平台间的数据资源共享。高等院校众创空间孵化基地“双创”平台由于其业务的创新性要求较高，因此必须考虑其业务流动态扩张的需求，在基本业务建立的过程中提前布局，预留业务流动态扩展接口，实现平台业务流的灵活变更，提升平台的可用性，延长平台的生命周期。

技术难点：平台之间的资源共享因为涉及的单位较多，数据的真实性及安全性检验是技术难点之一，拟通过数据安全检测的 Web service 的平台独立服务，形成低耦合、自包含的数据安全及标准化检测模块，使用基于开放的标准通用标记语言 XML 的 SOAP 进行服务的发布、发现、协调和配置。

（5）建立高等院校众创空间数据标准。高校众创空间孵化基地“双创”服务平台的设计与应用项目通过数据标准建设，促进区域性众创空间基础设施的整合和数据资源的汇聚应用，有效打破数据资源壁垒、强化基础设施统筹，围绕接口标准及数据标准建设两个主线，通过高校间的众创空间数据的释放，构建数据价值的产业生态，通过数据的开放推动高等院校互联网+创新创业迈上一个新高度。

4. 主要创新点

（1）孵化器模型理论研究方面的创新。运用新兴古典经济学的超边际分析方法，建立企业孵化器在孵企业超边际分析模型，对科技企业孵化器及其创业企业行为模式进行分析，从而明确了科技企业孵化器的内在运行机理，为科技企业孵化器的基础理论研究提供了一个全新的视角；运用价值链理论建立科技企业孵化器与在孵企业的双价值链模型，同时对科技企业孵化器和在孵企业的价值链分别进行了分析，指出科技企业孵化器和在孵企业的价值增值链是系统增值链条，由于科技企业孵化器参股被孵企业，导致科技企业孵化器增值链条延长，这就为研究科技企业孵化器的发展提供了新思路。

（2）高校众创空间孵化基地创新创业管理云服务平台设计方面的创新。针对高等院校众创空间孵化基地的实际应该需求，提出基于 SOA 的系统框架，设计高校众创空间孵化基地创新创业管理平台框架建模、业务组件建模。对于系统框架，将系统划分为三个不同的层次，即表现层、服务层、数据层，可通过中间件与不同的数据库管理器进行相互访问；通过对实际业务的调研，将各业务封装成组件，并构建所需要不同功能的服务，确保软件的分布式重用和敏捷集成。

五、技术、经济效益、市场风险分析

1. 技术经济效益分析（含经济效益、社会效益）

高校众创空间孵化基地创新创业管理云服务平台是集聚高等院校的科技人力资源、研究平台、科技产业资源，为师生创新创业者提供线上线下一体化全要素创业扶持与服务的众创加速平台，为管理者提供管理服务，为创新创业者打造一个创业过程帮扶、创业知识分享、创新创业者社交以及创新创意碰撞的线上的信息服务平台及线上交流协作空间，通过该平台创新创业者将获得创业加速能力、开放支持能力、创业承载能力、教育培训能力、辐射带动能力等的全方位支持，它的建设将更好地营造适合大学科技创新创业的社会氛围和“互联网 +”环境，积极落实国家推动“大众创业、万众创新”的工作要求，利用科技创新创业信息服务平台建设，有效整合资源，实现以“互联网 +”的模式搭建创新创业者与创新创业梦想导师、创新孵化基地、创新服务机构之间的实时信息沟通和互动通道，构建“掌上众创空间”，为高校创新创业活动的顺利开展提供高效、科学的平台保障。

2. 推广应用前景分析

高校众创空间孵化基地创新创业管理云服务平台是以促进高等院校科技成果转化、培育高新技术企业、培养创新创业人才为宗旨的综合科技服务平台，通过提供全方位、综合性的创业支持服务，降低高等院校师生创业团队或科技型小微企业的创业风险和创业成本，提高创业企业的成活率和成功率。目前市场上众创空间服务平台虽然较多，但高等院校众创空间服务管理平台相对较少，特别是在建立信息标准化的基础上，集信息发布、在孵企业管理、技术交流、创业导师管理、融资服务、科技资源统筹的统一综合体的高校众创空间服务管理平台几乎为零，目前高等院校建设的各级各类众创空间已达到 900 余个，因此市场前景广阔。

第五节　管理系统设计

一、创新、创业孵化管理系统总体思路

高校创新创业孵化管理系统旨在设计一款从创新创业能力培养、创新创业项目培育、创新创业项目的管理及孵化为一体的集成化系统。第一阶段建设目标为建成紧耦合型两级架构的应用型高校众创空间综合管理平台，实现众创空间内部场所设施、人员、入驻团队、日常事务等管理工作的网络化、集成化。第二阶段建设目标为建立区域内部应用型高校和社会众创空间综合管理云服务平台，实现地域众创空间资源的整合利用、信息互通、业务互联、数据共享。

二、建设开发原则

1. 标准化原则

系统设计必须遵循已颁布的国家标准、教育部标准、教育部年度统计代码标准、陕西省教育信息化等相关的标准和规范，确保各个子系统的一致性。系统网络要能够提供统一的标准接口，实现高校内部及高校与省级平台系统之间的互联互通、信息共享，实现与省级管理系统的无缝对接。

2. 可靠性原则

平台要能够提供 365 天×24 小时不间断服务。为防止软硬件故障等原因造成的数据毁坏，要求系统有很强的抗压性和容错性，具有故障检测与恢复功能；具有数据库备份和恢复功能，需要对数据库进行定期备份，进行数据的安全保护。

3. 可扩展性原则

随着 IT 技术和学校业务的不断发展，系统业务需求要能够应对可能发生的各种变化，技术架构要能够保证高扩展性，提供可扩展的功能接口，方便新功能的拓展。同时，系统要能够满足不断增长的信息管理任务，保证系统的性能和效率不降低。

4. 安全性原则

整个系统因涉及各类科技资源信息，要求有可靠的身份确认手段和精准的访问控制功能。系统平台要能够抵御来自外部使用不当、恶意攻击、破坏性使用和系统本身内部的一些缺陷带来的干扰，在进行应用系统建设时，要从设计、开发、使用和维护等几方面考虑应用系统的安全问题。安全策略、密码与安全设备选用、网络互联、安全管理等必须符合我国信息安全法律法规。

5. 数据一致性原则

系统要能够确保数据的完整性、准确性、一致性，要能保证与现有科研信息数据对接，实现统一身份认证，数据共享，数据同步。实现升级版本与老版本数据之间的兼容，支持与已有科研信息数据库的快速准确导入。

6. 易操作性原则

易操作性主要表现在以下几个方面：易管理、易使用、方便开发、易学习。系统要提供友好的客户界面，提供统一的 Web 等访问门户，具有较强的交互功能。数据录入界面的风格应保持一致，并尽可能做到窗口布局合理，色彩搭配和谐。为了方便用户输入，应避免过多复杂烦琐的操作，同时能进行选择性输入的尽量使用选择性的输入形式，避免让用户直接输入大量信息。另外，输入应具有容错性，对关键信息的输入应具有数据格式的大小和限制，符合格式要求的方可进一步提交。

7. 高效性原则

系统的登录访问、数据的查询与检索要满足高效性原则。支持海量用户的并发访问，系统响应时间不随并发用户数量的增加而降低。支持海量数据的快速查询与检索，保证检索响应时间在秒级内。

8. 移动性原则

支持手机等移动客户端，具有 WAP/WAP2.0 版高校科研信息管理系统，通过

GPRS/3G 远程安全登录系统服务器，支持高校科研信息数据的可视化查询、浏览、修改等操作。

9. 维护性原则

建立一套包括管理的规章制度、业务流程和维护人员配备等方案在内的应用运行保障体系。包括提供面向科研处发布的、为应用系统正常运行所需的日常管理方案、人员配备及职责、相应业务处理流程和相适应的各种规章制度，其面向的人员分别为系统管理员、数据库管理员和广大应用用户。

10. 需求、风险、成本原则

任何系统都不可能一直满足业务发展的需要，科研管理系统信息化建设项目也是如此。鉴于这种情况，在设计系统时，要考虑如何保护已有投资，控制成本、降低风险。

三、系统设计要求

（1）界面友好：通过简洁但不简陋的界面设计让用户容易接受此软件，功能菜单和操作按钮明晰可见，不追求花哨和标新立异。

（2）操作简单：除响应 Click 事件，更提供快捷键的服务，并在表单、文本柜等输入区域内提供一键跳转、内容保留等功能，以免用户的误操作带来重复性劳动，给操作带来不便。

（3）功能完善：结合同类软件的基本和附加功能，考量本系统的实际需要进行增删，融入前期的市场调研，相关教师、学生及工作人员访谈获取的需求信息，以保障系统功能的完善与完整。

（4）运行高效：通过开发平台与开发工具的选择，从前期保障系统的运行效率，在编程中充分考虑并发及死锁的控制，以提高运行的效率。

（5）性能稳定：通过合理的设计和高效的平台，对数据库、网络传输、人机交互模式的设计应保证和提高系统的性能。

（6）安全可靠：从运行过程的安全、用户及系统数据的安全、系统结构安全、用户权限安全、源码安全等多个维度保障系统运行的安全性。

（7）维护方便：从设计角度，利用后台预留数据库备份功能，功能模块开关能力、各模块独立设计等策略，保障系统维护的方便。

（8）扩展性良好：软件的扩展性决定了软件的生存周期，利用系统开发及维护日志、程序接口等为软件系统预留良好的扩展性能。

四、系统各项管理功能

（一）系统管理

1. 数据字典管理

支持可扩充的数据字典管理，各种数据字典参数值符合《教育管理信息化标准》等国家科研管理标准，封装包括《学科分类与代码》《国民经济行业分类与代码》《社会经济目标分类与代码》等代码规范，对系统数据字典代码表进行维护和更新，根据数据字典设置内容进行系统的同步更新。

2. 权限管理

系统支持入驻团队、各二级学院、校内众创空间管理层三级管理，可根据学校众创空间管理需求设置各种级别的角色，通过角色进行权限控制，权限可支持到网页、单位、菜单、字段等各级权限设置。支持对科研管理角色更加细化的权限设置，如纵向项目管理员、横向项目管理员、科研成果管理员等。

3. 日志管理

系统能够对用户的登录日志、数据访问日志、系统各种故障日志三类日志进行记录和管理。通过监控全用户的活动日志，保障系统及数据安全。

4. 数据备份

支持对文件服务器备份，支持定期打包功能，保持文件服务器的高效访问。定期对数据库进行备份，建立备份数据库服务器，定期进行数据库备份、复制和恢复。

（二）业务管理

业务管理包括项目管理、场所设备管理、成果转化管理、大赛管理、导师管理和入驻团队管理六大部分。

1. 项目管理

（1）管理对象：纵向项目、横向项目、实体创业项目、创新创业训练项目。

（2）业务流程：项目申报、项目评审、项目立项、项目中检、项目结项、项目延期/暂停/中止等全流程管理。

（3）功能操作：数据录入、数据修改、数据审核、数据检索、数据统计、数据上报、报表打印。

2. 场所设备管理

（1）管理对象：众创空间所有办公场所、公共会议室、路演大厅、文印室等服务场所。

（2）业务流程：入驻众创空间、会议室使用申请、路演大厅使用申请、空间其他公共服务使用申请。

（3）功能操作：信息录入、信息修改、使用申请、申请审批、数据统计、数据上报、报表打印。

3. 成果转化管理

（1）管理对象：入驻团队需要协助转化成果、高校教师成果、社会自由加入成果。

（2）业务流程：入驻众创空间的团队欲转化成果登记、学校教师欲转化成果登记、社会力量欲在众创空间寻求合作成果登记、成果信息发布、转化办理。

（3）功能操作：信息录入、信息修改、数据审核、数据查重检索、数据统计、成果信息发布、报表打印。

4. 大赛管理

（1）管理对象：入驻众创空间团队、学校各学院、已孵化出团队等。

（2）业务流程：大赛宣传动员、组织上报、组织培训、组织比赛、组织参赛等。

（3）功能操作：信息录入、数据修改、大赛信息发布、数据检索、报名统计、大赛排名。

5. 导师管理

（1）管理对象：学校教师导师、政府政策导师、企业导师、研究院所导师等。

（2）功能操作：导师信息录入、数据修改、导师分类、数据检索、数据统计、导师自动配置及手动分配。

6. 入驻团队管理

（1）管理对象：各入驻团队。

（2）业务流程：各团队自身内部管理以及众创空间对团队整体管理。

（3）功能操作：团队入驻、团队搬离、内部管理、信息发布、数据检索、数据统计、报表打印。

（三）众创空间资源管理

1. 学校各学院

校内各学院是高校创新创业教育的实体机构，系统能设置各部门单位的科研负责人和科研秘书等相关信息，支持与校内人事部门关于部门管理数据的同步与更新。

2. 科研机构（平台）

科研机构（平台）是指对各级重点实验室、研究基地、研究中心、工程中心等科研平台的管理，是非实体机构。通过对科研平台的引入，可以提升众创空间科技支撑实力，有助于创新创业活动展开。

3. 其他各高校众创空间

高校应建立众创空间联盟机制，实现众创空间之间互联互通、互为补充，因此，在该模块实现与盟友众创空间的信息发布、需求共享、活动共办等。

4. 其他非高校众创空间、邻近其他科技孵化器

高校众创空间应与行业、区域众创空间以及邻近大学科技园、高新区等其他科技孵化器有所联系，建立创新链、产业链、服务链并轨机制，实现相互支撑。因此，在该模块实现与盟友行业、区域众创空间的需求共享、成果发布等。

5. 网上办公

（1）通知公告。通知公告是指管理部门面向全体人员发送的通知和公告，包括在网上发布的政策性文件，如新闻，通知等；以及供下载的材料性文件，如项目申请表、项目开题报告表、结题报告表、专利申请表、鉴定申请表等文档。系统能够自动记录通知公告被查阅的次数。

（2）消息管理。众创空间管理人员通过消息管理功能可以针对任意指定的人员发送消息，并对消息的接收情况进行跟踪。管理人员通过 E-mail 管理功能在系统内进行 E-mail 的发送与接收，支持相关人员的 E-mail 地址的查找、更新等操作。

（3）任务管理。任务管理是管理部门进行各项任务分配和提醒的功能。管理人员可以发布各种任务，包括各种周期性的公共事务。系统通过日历方式对任务进行提醒。

第六章　大学科技园推动大学创新创业教育模式研究

第一节　大学科技园发展历程

国内外关于大学科技园的称谓各有不同。美国、英国等国称之为科学园或研究园，法国、意大利称之为科学城，日本称之为科学技术园区或研究开发产业复合体。关于大学科技园的定义，目前没有统一说法，但国际上较为认可的是美国大学科技园协会（AURRP）的定义，即大学科技园以依托科研实力雄厚的大学为特色，利用大学的知识、人才和科技优势以及几十年甚至上百年积累的人文环境区域特征和基础设施条件，形成知识经济规模效益，实现对经济的巨大促进作用。

世界上第一个大学科技园由美国斯坦福大学弗雷德里克·特曼教授倡导，创建于 1951 年。它以斯坦福大学为依托，将学校的科研成果与企业联姻，实行产学研相结合的模式。发展至今，已形成绵延 150 千米，拥有数千家企业、几百万名雇员的高科技产业带，这就是硅谷。受硅谷成功经验的影响，这种模式在世界各地得到了较快的推广，如美国洛杉矶、英国剑桥、日本筑波、中国台湾新竹、新加坡的肯特岗等一大批大学科技园涌现出来。世界著名科技园区如表 6.1 所示。

表 6.1　世界部分有影响力的科技园区列表

国家/省	科技园区名称	创立年份
美国	斯坦福科学院	1951 年
日本	筑波科学城	1964 年
法国	索菲亚昂蒂波科学城	1969 年
中国台湾	新竹科学园区	1978 年
新加坡	新加坡科学园	1979 年
德国	西柏林“革新与新企业中心”	1979 年
中国	清华大学科技园	1994 年

西欧各国把建立科学园看作是加速技术由实验室走向市场的一项重要措施。英国、法国是西欧建立科学园最早的国家。英国帝国理工学院设立帝国理工创新中心孵化器，把教育、科研和成果转化作为“三大支柱”，强调学生创意、创新能力培养，强调科研成果的社会价值和经济价值，强调“转化力”，即将前沿研究转化为推动社会发展的实际动力。

根据世界大学科技园的发展按照时间节点可以划分为三个阶段：①20 世纪 50

年代初至70年代末，西方发达国家在科技与经济方面取得了较快发展，大学科技园应运而生，这一阶段处于初步探索阶段，发展速度相对较慢。②20世纪70年代末至90年代末，国际竞争日益加剧，大学科技园集聚高新技术产业、科技成果转化的功能日趋凸显，其发展越来越被重视，这一阶段属于全面发展阶段。③20世纪90年代末至21世纪初，西方发达国家大学科技园发展日趋成熟，进入稳步发展阶段，截至2016年，全世界100多个国家和地区共创办规模化大学科技园区1600多个，这些科技园区大都建立在大学或大学群周围，成为大学师生创新创业最为活跃的场所，成为促进大学创新创业教育的强有力抓手。

发展中国家也纷纷借鉴经验开始建设大学科技园。中国大学科技园的建设在此稳步发展阶段也取得了快速发展。科技部、教育部于1999年底联合组织开展国家大学科技园建设试点工作，得到了各地政府、高等学校及社会各方面的积极响应和大力支持。2000年，全国大学科技园工作指导委员会根据科技部、教育部印发的《国家大学科技园管理试行办法》，组织专家对一批发展情况较好的大学科技园进行了认真的考核评估。根据专家考核评估结果和全国大学科技园工作指导委员会的建议，科技部、教育部决定首批认定清华大学科技园等22个大学科技园为"国家大学科技园"。截至2017年上半年，经科技部认定的国家大学科技园共计115家，开辟了一条具有中国特色的大学科技园发展道路，形成了自己特有的发展方向，在培养高水平创业人才、服务区域经济发展和建设创新型国家等方面发挥了重要作用。

为促进大学科技园发展，尽快落实《国务院关于加快科技服务业发展的若干意见》文件精神，全国相继成立了8个大学科技园联盟，分别是中关村大学科技园联盟、上海国家大学科技园联盟、东北地区国家大学科技园联盟、四川省大学科技园联盟、中部地区国家大学科技园联盟、江苏省大学科技园联盟、浙江省大学科技园联盟、泛西北地区大学科技园联盟。笔者以丝绸之路经济带上的泛西北地区大学科技园联盟为主要研究对象，进行研究分析。泛西北地区包括陕西省、甘肃省、山西省、青海省、宁夏回族自治区、内蒙古自治区、新疆维吾尔自治区。联盟旨在依托泛西北地区大学科技园的各种资源优势，建立起泛西北地区大学科技园资源共享机制，加强区域内省际大学科技园之间的交流合作，发挥高校人才智力密集、科技成果丰富、产业附加值大的特点，进一步完善大学科技园孵化体系，加快科技成果转化，提升大学科技园的整体服务水平，推动大学科技园的品牌创新，共同探索大学科技园的发展模式。截至2017年10月，泛西北地区大学科技园联盟已有7个省（自治区）的17所高校响应倡议加入，其中国家级大学科技园13个，省级大学科技园1个，学校自己设立大学科技园3个。具体名单如表6.2所示。

表 6.2　泛西北地区联盟大学科技园名单

序号	省（自治区）	单位名称	备注
1	陕西省	西安交通大学国家大学科技园	国家级
2		西北工业大学国家大学科技园	国家级
3		西北农林科技大学国家大学科技园	国家级
4		西安电子科技大学国家大学科技园	国家级
5		长安大学科技园	校级
6		西安理工大学科技园	校级
7		渭南师范学院大学科技园	省级
8	甘肃省	兰州大学国家大学科技园	国家级
9		兰州交通大学国家大学科技园	国家级
10		兰州理工大学国家大学科技园	国家级
11	新疆维吾尔自治区	新疆国家大学科技园	国家级
12		石河子大学国家大学科技园	国家级
13	山西省	山西中北国家大学科技园	国家级
14		山西大学科技园	校级
15	内蒙古自治区	内蒙古自治区国家大学科技园	国家级
16	青海省	青海大学国家大学科技园	国家级
17	宁夏回族自治区	宁夏大学国家大学科技园	国家级

第二节　大学科技园与高校创新创业教育紧密关系

一、大学科技园与高校“双创”教育同源共宗、一脉相承

首先，从关系上讲，大学科技园与高校“双创”教育同源共宗、使命相当。

（1）国家大学科技园管理办法赋予大学科技园创新创业人才培养的基本职能。《国家大学科技园认定和管理办法》（以下简称《办法》）指出，大学科技园是指以大学或大学群为依托，把大学的人才、技术、信息、实验设备、图书资料等综合智力资源优势与其他社会资源优势相结合，为推动高等学校产学研结合、技术转移和科技成果转化、高新技术企业孵化、战略性新兴产业培育、创新创业人才培养、服务区域经济提供支撑的平台和服务的机构。

《办法》明确规定，大学科技园是国家创新体系的重要组成部分，是中国特色高等教育体系的重要组成部分；是自主创新的重要基地、产学研合作的示范基地、高校师生创新创业的实践基地、战略性新兴产业的培育基地；是高校技术转移和

科技成果转化、高新企业孵化、创新创业人才培养的综合性科技创新平台。

从《办法》对大学科技园两个组成部分、三个平台、四个基地主要功能定位可以看出，大学科技园重要功能核心组成部分与大学生创新创业能力培养紧密联系在一起，进一步明确了大学科技园促进大学生创新创业能力培养的政策依据。

（2）大学科技园发展规划纲要明确大学科技园创新创业人才培养的基本任务。为贯彻《国家中长期科学和技术发展规划纲要（2006—2020 年）》《国家中长期教育改革和发展规划纲要（2010—2020 年）》和《国家中长期人才发展规划纲要（2010—2020 年）》，科技部制定《国家大学科技园"十二五"发展规划纲要》（以下简称《纲要》）。《纲要》明确大学科技园在创新创业人才培养方面基本任务：大学科技园要充分发挥依托高校的创新优势，围绕优势学科，促进技术转移和成果转化，推动高校师生的科技创业，提升服务能力，培育创新创业人才。强化培养创新创业人才的功能，利用园区浓厚的创新文化、丰富的创新资源和良好的创新环境等优势，建设高校学生科技创业实习基地。探索设立学生科技创业基金，支持园区企业接纳学生实习和就业，支持学生到园区开展创新创业活动，以创业带动就业。引导和鼓励高校学生到园区进行创业和创新实践活动，通过设立高校学生创业资助基金等形式，对学生创办的科技型企业提供资助，对已经从事创新创业的高校毕业生，提供人事代理等服务，吸纳更多创业人才在园区创业。

（3）深化高等学校创新创业教育改革是国家实施创新驱动发展战略。2015 年，《国务院办公厅关于深化高等学校创新创业教育改革的实施意见》指出，全面贯彻党的教育方针，落实立德树人根本任务，坚持创新引领创业、创业带动就业，主动适应经济发展新常态，以推进素质教育为主题，以提高人才培养质量为核心，以创新人才培养机制为重点，以完善条件和政策保障为支撑，促进高等教育与科技、经济、社会紧密结合，加快培养规模宏大、富有创新精神、勇于投身实践的创新创业人才队伍，不断提高高等教育对稳增长、促改革、调结构、惠民生的贡献度，为建设创新型国家、实现"两个一百年"奋斗目标和中华民族伟大复兴的中国梦提供强大的人才智力支撑。深化高等学校创新创业教育改革是国家实施创新驱动发展战略、促进经济提质增效升级的迫切需要，是推进高等教育综合改革、促进高校毕业生更高质量创业就业的重要举措。

其次，从地缘关系看，大学科技园在地理位置上毗邻大学。据国际科学园区协会发布的《世界知名科技园区研究报告》，全球约有 48%的大学科技园位于大学内或毗邻大学，28%在大学 5 千米内，11%距大学 5～20 千米。再看高校创新创业教育，其创业师资、创业教学、创业赛事等大部分在高校内部开展，与大学科技园近在咫尺。

最后，从源起来看，起初，一些大学为了能够将科研与学术资源转化为商品和产业，从而拓展办学经费来源，就划定了专门区域以服务社会，这就导致了大学科技园的诞生。其中，斯坦福大学率先成立了世界上第一个大学科技园——斯坦福研究园，并演变发展为举世闻名的“硅谷”。从大学科技园诞生初衷来看，其实质是一种纯粹的高校创业行为，也是大学服务社会职能的延伸，更是支撑战略性新兴产业发展的重要平台。将高校资源优势与地方特色产业相结合，通过与地方共建技术平台和中试基地，面向产业需求开展技术研发与应用转化，为提升产业竞争力、培育战略性新兴产业、发展区域经济提供支撑。

发挥高校优势，促进区域经济发展是大学科技园联系高校与地方“纽带”作用的体现。大学科技园面向产业发展需求，依托高校技术和人才优势，创新产学研用合作模式，与地方共建产业化基地，较好地满足了地方对科技的迫切需求，支撑区域经济发展的作用日益显现，带动区域经济发展的机制不断完善，促进了区域经济健康快速发展。

再回溯高校创新创业教育，高校是一座“科研富矿”，而众多成果只能“沉睡”在实验室或书斋当中，迫切需要一种途径能够将科研这颗金蛋“孵化”出来（朱飞等，2015）。面对日趋严峻的就业形势，高校也开始主动转变观念，适时调整为社会服务的内容、方式，即由为社会各种岗位培养人才转变为社会创造更多的岗位。巧合的是，促进产学研结合是推动科研成果转化成为大学科技园和高校开展创业教育的共同选择。

二、大学科技园与高校“双创”教育相融互补、包容共济

从2006年建设创新型国家到党的十八大创新驱动发展战略，再到党的十九大把科技创新作为实现建设现代化经济体系战略目标的战略支撑，可以将国家创新体系中的行为概括为以下四种，“教育—研发—技术转移—技术产业化应用”。目前，大学科技园主要涉及“教育—研发—技术转移”前三个环节。在创新型国家战略环境下，对大学科技园在创新活动中的角色进行了重新定位，主要有三种类型。

（1）创业教育型：培养创新创业人才、打造创新文化是大学科技园的定位之一。教育是大学最基本的使命，而作为大学科技园，在创新创业教育上与大学联手，不仅能够提供大学教导的理论知识，还能够为此提供实践教育。党的十八大报告中指出，创业教育的目的在于“鼓励多渠道就业、多形式就业、促进创业带动就业，推动实现更高质量的就业”。创业教育型科技园的意图在于培养创新精神和企业家精神，传递勇于尝试、勇于拼搏进取的精神。创业教育有助于打造创业文化，在园区乃至整个周边地区形成良好的创业氛围（刘宏宇，2016）。

（2）创新基地型：建设众创空间、完善众创机制是大学科技园的新定位。大学科技园经过多年的发展，具有自己的办公场所、实践基地、实训中心、研发设施以及各类可提供会议、路演等功能的公共服务设施可以为创客提供功能完善的活动场所，是师生创新的天然沃土。由于大学生心智相对不成熟，社会经验较少，对政策缺乏了解、专业知识也不完善，因此大学生创业的风险要远高于正常的高新技术创业。创新基地型的工作重心在于为创客和企业进行供需匹配，既可以保护并锻炼大学生的创新精神，也可以避免大学生创客自行创业的风险。

（3）创业基地型：技术转移和高科技企业的孵化一直是创办大学科技园的主要原因和最重要的研究课题，是大学科技园的基本功能。成功进行技术转移可以为大学科技园创造稳定收入实现自主运营。由于高新技术企业创业风险较大，对于科研实力不强、融资水平不佳、没有完备的咨询服务和较强财力的大学科技园不应将高科技企业的孵化制定为主要功能定位，因为这很容易将大学科技园再次置于低效率、吃补助的境地，从而导致创新资源的闲置和浪费。

大学科技园是一种特殊形式的孵化器。不管从活动内容、开展形式，还是从价值取向来看，大学科技园都有别于高校创业教育，但两者的功能呈现互补性，相互有着功能互补、互动共融、资源共享的特征。

一是双方都有着强烈向对方领域跨越、寻求交融合作的社会冲动，彼此间存在着功能上的亲近感，如就制度安排和政策设计而言，大学科技园首要目的就是解决高校面临的创业教育问题。大学科技园作为高校与社会沟通的纽带，有效弥补了高校在创业教育中的不足。与此同时，高校则可基于学科专业，能够通过创业教育将师生的科研成果、创新创意有效转移到大学科技园进行市场孵化，为大学科技园补充大量的待孵化创业项目。

二是大学科技园作为加强高校与企业联系的新型组织机构，能够将高校的创新创业元素，包括知识、技术和人才以项目化、市场化的方式融入园区，嵌入企业并予以孵化激活。大学科技园是高校实现产学研结合及社会服务功能的重要通道，主要功能是充分利用高校的人才、学科和技术优势，孵化科技型中小企业，加速高校技术转移和科技成果的转化与产业化，开展创业实践，培育高层次的技术、经营和管理人才。

而就高校创新创业教育而言，虽然也竭力推动高校科研成果市场化运营，但其并不以追求直接的经济效益为唯一价值取向，而是希望通过这种项目化、市场化转化来培养更多的创新创业人才。

第三节　大学科技园开展大学生创新创业教育优势

大学科技园与依托高校的天然“姻缘”关系以及作为连接高校与社会的紧密“纽带”，使大学科技园具备大学生创新创业的良好物理空间和优质服务体系，是大学生创新创业的天然沃土。大学科技园集高校科研院所的专业学科优势、科技企业界的新锐视觉、市场脉搏的灵动资讯于一体，既保证了行业信息的交流互动、及时共享，还能紧密地将高校科技成果与高新技术产业对接，集聚创新要素、汇聚创新资源、积聚创新思想，为开展大学生创业教育、培养创新创业人才创造有利的条件。

一、大学科技园具备师资力量优势

大学生创新创业教育是一门跨学科领域，是一门比较综合的、实践需要占很大比例的复杂学科，这门学科的一个至关重要的因素是师资力量与师资水平。可以说，创业教育开展得成功与否，与师资力量和教学水平息息相关。国外发达国家对高校创业教育方面明确要求，创新创业教育的教师队伍必须由具备企业管理经验、金融投资专业背景、实战经验丰富的教师组成，专业素养高、富于实战经验是国外发达国家创新创业教育师资的主要特点。

但是，我国创业教育起步较晚，目前绝大多数高校创业教育教师是由高校就业指导部门教师兼职担任、行政管理人员转岗担任或其他课程教师兼职担任，这些教师因为缺乏对企业管理的经验或企业管理知识，对创业教育存在认识模糊、专业知识缺乏的缺陷，高校内最为匮乏的就是同时拥有科学理论知识和实战经验丰富的教师。与此同时，大学科技园内丰富的企业资源集聚、高级知识分子集聚恰恰弥补了这一缺点。大学科技园可以说是一个丰富的科技“企业群”，园内企业家或投资家众多，他们不仅具备创新精神，同时还有丰富的企业经营管理经验。

大学科技园作为企业和高校的枢纽，在教师聘请方面，可以为大学聘请既具备企业管理经营背景，同时还拥有创业理论知识的企业家到大学授课，将实际案例和大学生结合起来，传授知识，这样可以弥补高校在创新创业教育师资力量方面的不足。从另一个角度讲，可以将高校内从事大学生创业教育的专职教师派遣到大学科技园中，由大学科技园组织集体的培训或实训，与园内企业合作，把高校专职教师派到企业中去学习企业管理知识，可以大大提高高校创业教育教师的专业素养、实战经验及综合知识水平。这样一来，高校通过和大学科技园的深度合作，可以更加专业地进行创新创业教育研究，给老师提供了了解技术服务或其他资讯知识的机会，极大地拓宽了教师的视野和知识结构，及时了解到国际环境下创业教育的发展、创新创业的前沿动态，促使教师转变观念，将他们塑造成为这一领域的佼佼者。师资力量的增强可以极大地推动我国高校创新创业教育水平。

二、大学科技园是大学生创新创业的重要实践平台

创新创业实践是创业教育过程中不可或缺的重要环节，为大学生投身创业活动提供基础平台，使之展现创业实践能力及实现自身想法。高校开展的创业教育活动主要包括组织各种形式的科技设计、创业模拟、创业竞赛活动以及组织学生参与高校教师研究课题工作。然而高校自身提供的这些实践性创业平台无论从时间上还是质量上都存在明显的不足。

大学科技园作为国家创新创业体系中重要的一环，其功能定位之一就是助推大学生创新创业教育，为高校开展创业活动提供完善的创业实践平台，通过实践锻炼，提升大学生创业所需的种种素质及能力，这恰好弥补完善了高校传统创业教育在创业实践方面的不足。

大学科技园作为大学和企业之间的联系枢纽，把高校、科技园区和企业形成特殊关系之间的相互支持。高校、科技园区和企业协同构建大学生创新创业实习实践基地，把高新技术企业孵化作为核心功能的大学科技园，具有丰富的实践经验以及完善的创新创业服务体系，以高技术企业为载体，为大学创新创业教育提供了实际的课堂。而且，大学科技园区是一个真实的商业环境，大学生在实习实践基地内接受创业教育、开展创业实践活动，身临其境地感受创业氛围，体会企业从无到有、从弱小到壮大的过程，在这一过程中总结创业遇到的问题和解决方案，有助于提高大学生业务操作能力，从而有效地避免或解决在未来创业过程中可能出现的问题。

三、大学科技园是“双创”育人链条的有效延伸

大学科技园是创新创业教育资源的整合平台，它有效整合高校、企业和社会的各种资源，在高校与市场之间架起了桥梁、设立了缓冲区，建立了特区，充实完备了“大学课堂—校园‘双创’学院—实训中心—众创空间—大学科技园区—社会”创新创业教育链，它是高校创新创业教育、应用型人才培养的最后一圈聚能环，若发挥得力，必将在高校“双创型”“应用型”人才培养目标践行、创新型国家战略实施、地方经济社会发展、企业行业人才需要、技术难点破解需求等多方汇聚中发挥核心磁场作用。

提供真实的创新创业的过程教育是大学科技园最本质的教育功能，大学科技园为创新企业成长的创业过程提供了最有说服力、最形象的教育环境。大学科技园通过加大提高创业辅导、技术平台等孵化条件和技术转移能力，不断完善人力资源、市场开拓、法律财税等专业服务能力，重点改善园区金融投资的环境与能

力，拓展大学科技园的融资服务渠道，履行为科技企业创新创业提供条件和增值服务的职能。

第四节　当前大学科技园在创新创业教育中的问题

一、创新创业教育功能薄弱

大学科技园作为高校创业教育的重要组成部分，对推进高校创业教育具有至关重要的作用，肩负培养创新创业人才的责任是大学科技园区别于其他科技园的特色之一。但是，根据第三次全国大学科技园工作会议的调查，我国国家大学科技园在关于如何实行大学生创新创业教育方面的表述不多，取得显著效果并能广泛推广应用的更是屈指可数。在访谈中，受访者 A 表示："大学生创新创业教育主要还是要以高校为主阵地，大学科技园主要是起到辅助作用，配合高校开展大学生创业教育，如为大学生创业锻炼提供场地、配合学校组织创业计划大赛、为大学生寻找创业导师等方面。"从访谈结果中可以窥见，目前我国大学科技园对大学生创业教育普遍存在认识不足、重视不够的情况，大学科技园的大学生创业教育功能非常薄弱，在发挥大学生创业教育作用方面，大学科技园认为自己处于配合角色的地位，发挥着补充、延伸的作用，而在实际上，大学科技园拥有良好的创业环境、具备开展创业教育的优势，完全可以成为创新创业教育的主要基地。另外，大学生创业教育还存在创业教育深度不够的问题，在访谈中，受访者 B 说道："学校会不定期地组织我们去很多大学科技园参观和学习，如最近去的是创新港某创业园，但是因为时间原因，并不能与大学生创业成功人士有较深入的交流，在现场受到大学生创业成功的震撼，但回到学校后，仍然不知道怎么才能成功实施创业计划。"可见，无论是高校还是大学科技园在对大学生创业教育的认识上存在偏差，所做的工作还停留在较浅的层面，大学生创业教育深度不够，功能薄弱。

二、大学科技园与高校缺乏良性互动

1. 大学生对大学科技园了解程度低

笔者在对大学生的调查中了解到，大学生对大学科技园了解程度非常低，多数大学生并不清楚大学科技园在大学生创业方面可以为其提供的扶持政策和服务内容，而能有机会或意愿到大学科技园实地走访，亲眼看见大学科技园企业创业情况的学生更是凤毛麟角，受访者对大学科技园及大学生创业过程很茫然，而且普遍缺乏创业自信。这就在一定程度上反映出，大学生不具备较强的创新创业意识，能够主动了解并参与到创新创业实践活动的主观意识和行动力均有欠缺。

2. 大学科技园没有形成示范效应

大学科技园与大学生缺乏互动还表现在大学科技园缺乏对大学生的宣传教育，科技园的示范效应没有形成。良好的示范效应可以影响一批人、带动一批人积极创业。大学科技园需要宣传创新创业教育正能量，让广大学生了解创业、认可创业、学习创业。但是，根据访谈，受访者 C 表示："学校更重视我们的学习成绩，在学校的网站上会定期发布'身边榜样，前行力量'这样的信息，但主题都是鼓励我们好好学习，争取学习进步的，在创业教育方面的信息接触的比较少。"由此可见，高校与大学科技园在创业教育方面缺乏联络，大学科技园内不乏大学生创业的成功典型。创业者的业绩和事迹对大学生容易产生强烈的震动和震撼，成为大多数大学生学习、追逐和效仿的榜样的力量，但遗憾的是大学科技园并没有充分发挥其教育功能，对大学科技园自身及创业典型事迹的宣传教育还不到位。

三、创业实践基地建设流于形式

大学科技园大学生创新创业实践基地建设流于形式，园区过于形式化的大学生创新创业实践基地提供给大学生的创业方面的教育效果甚微。《国家大学科技园认定和管理办法》中明确说明了高校学生科技创业实习基地是建设大学科技园的必备条件之一。基于此，多数大学科技园建立的大学生创新创业实践基地仅仅是为了能顺利通过大学科技园建设的验收与考评。再加上参差不齐的基地建设规模层次以及受限的相关资金和扶持政策等因素，使得多数科技园的企业缺乏建立学生实习基地的积极性。受访者 D 说道："我们以前有和学校合作接收大学生实习实践，但是因为企业很难留住大学生毕业后在公司就业，使我们不再有积极性继续合作；另外一点，企业接收大学生实习，对企业资源、精力的消耗很大，但政府和高校对我们并没有政策上的倾斜或者资金上的补贴。"由此可见，企业作为市场主体，对利润和效益的追求是其发展的核心驱动力，培养大学生不是其主要任务，而高校开展大学生创业教育离不开实习实践环节，去企业实习可以说是最直接最有效的办法。因此，如何将教育规律与市场规律接轨，是值得政府、高校、大学科技园考虑的问题。

另外，即使大学科技园促成了企业与高校的对接，为学生提供了创业实习的岗位后，其效果也不甚理想。在调查中，多数学生表示在创新创业实践平台上并没有获得理想的创业教育，往往会出现实践时间短、实践项目实操度低、理论与实践相脱离的现象，这说明大学生入园进行创新创业实践是比较空泛的，大学科技园创业实践基地流于形式，无法切实地帮助大学生提高实践能力。

四、大学生创新创业教育市场化不足

1. 创新创业教育与专业教育“两张皮”

当前大学科技园在推进大学生创业教育方面，经常面临如何将创新创业教育与专业教育有机结合起来的难题。创业教育的市场导向缺乏专业支撑，高校开展创业教育，而大学生毕业后所从事的创业活动用不上自己的专业。在访谈中笔者了解到有一名机械制造专业的大学生，毕业后却从事淘宝网店创业活动，销售家乡土特产，这类学生从事的创业活动，完全与自己所学专业无关，造成专业教育资源的浪费。但是，从市场竞争角度来说，相较于没有科学技术含量的生存型创业活动，具有专业背景的机会型创业更具有竞争力，科技含量高的机会型创业可以创造市场，并且一旦成功，创造的是大市场或者中型市场。而如果选择生存型创业，虽然创业起点低，操作起来更容易，但是其不仅很难开辟新市场，还往往更加剧现有产业的竞争程度，因此，对于接受过专业素质教育的大学生，应充分利用自身所学的知识技术，最大程度地进行科技创业，开拓新市场，提高市场竞争力。对于创业教育实施主体而言，应着力思考，如何使大学生的专业教育更好地与市场挂钩，使大学生能够活学活用，用专业教育支撑市场活动，让大学生创业与专业紧密结合，实现创业教育与市场接轨，在市场经济中释放大学生创业活力与能力。

2. 创业教育与地方产业需求结合不密切

大学科技园在开展创业教育活动中，更倾向于为大学生创业人员提供良好的硬件设施服务，但是，在引导大学生创业过程中，往往忽略了大学生创业与地方产业需求相结合的现实需要。受访者 E 表示：“入园的大学生多数是根据自己的兴趣或者是一定的家庭企业背景进行创业，很少有学生在充分考虑当地经济特色的同时发展自己的长处，大学科技园在这点上的自主选择权非常的少，主动权往往掌握在学生自己手里。”由此可见，大学科技园缺乏对大学生创业项目的引导和干预，任由大学生自主选择，导致大学生创业项目和地方产业挂钩度较低。大学生创业初期，普遍缺乏市场灵敏度，创业多数以自己兴趣为出发点，这就造成了大学生创业方向相近、类型相似、变更频繁。而大学科技园在创业教育方面，缺乏对大学生的引导，没有把社会因素很好地融合进创业教育之中。到目前为止，多数大学科技园依然把重心放在为大学生提供基础服务方面，或者把大多数精力投入在对科技园日常运营的管理方面，而在创新创业教育方面缺乏科学规划，创业教育与地方产业需求之间缺乏联系。

3. 大学科技园投融资服务体系建设不足

投融资服务体系建设不足对大学科技园在发挥创业教育功能方面存在较大影响。作为公益性、政策性的大学科技园，难以形成市场化的投融资服务体系。种子基金通过选拔一些潜力较大、成长性较好、比较有发展前景的大学生创业项目进行投资，可以为大学生创业者提供一定的种子基金作为创业项目的启动资金。这就相当于进行权益性投资，目的在于吸引风险投资资金和其他社会资本的介入。由于这种方式较为新颖有效，国内很多大学科技园成立了种子基金，并颁布了种子资金使用办法，设立种子基金。但是，在访谈中，受访者 F 表示："大学生创业风险大，创业项目质量又普遍不高，存在科技含量低、缺乏创意、商业模式缺乏创新等问题。"由此可见，由于大学生创业风险大、前景不明朗，投资回报见效慢，而大学科技园多数采取公司化运营模式，具有资本逐利的本能，园区孵化种子基金只能投入那些极富创意、科技含量高、市场前景好的大学生创业项目中，这就导致种子基金的选择周期长、审核手续多、覆盖面有限。受访者 G 表示："大学科技园普遍急缺天使投资、创投、风投机构对大学生创业投资，但是风投或创投效果和地方金融环境有很大关系，一般说来，一二线城市金融环境较好，市场活力相对较大，但是在三线城市，金融环境不够好，市场活力不大，社会资本介入度很低。"从大学科技园区的投融资现状来看，大学科技园投资结构不合理，主体单一。从我国大学科技园目前融资的现状来看，在大学科技园内成立的初创期企业和发展期资金多数还是依赖国家或地方政府设定的投资基金，就算有大学及园区管理机构进行投入，多数也是为国有投资公司进行，而且投资的金额相对有限，而社会风险投资对园区的介入少之又少。因此，短期内很难打破主要依靠政府有限财力来支撑大学生创业的现状，尚未拉拢到具有投资潜力的诸多力量，包括地方政府、金融机构、科技企业、投资个人等，形成风险投资网络也还遥遥无期。

第五节　大学科技园促进大学生创新创业教育模式优化

一、模式优化

大学是大学科技园的动力之源，在大学科技园的发展中发挥着聚集效应、溢出效应和辐射效应。反过来，大学科技园对大学的发展有着深刻的影响，是大学社会服务职能的延伸，是潜在的技术发展、科研成果水平提升的触发点，也是大学实现教学职能的间接载体。

特别是在"2011 计划"和"大众创业、万众创新"提出后，大学科技园与其母体的关系中也逐步融入了协同创新的理念，它们除了分别关注自身发展外，开始更多地相互协调，以合力的形式来创新。这必将有助于大学“教学、科研、服务社会”三大职能地充分发挥，以及大学科技园实现对社会的重大贡献，特别是对大学的“反哺”效应。这种效应在助推母体大学创新创业教育方面有着更为突出的表现，大学科技园促进依托大学创新创业教育能力提升关系如图 6.1 所示（阴国富，2016）。

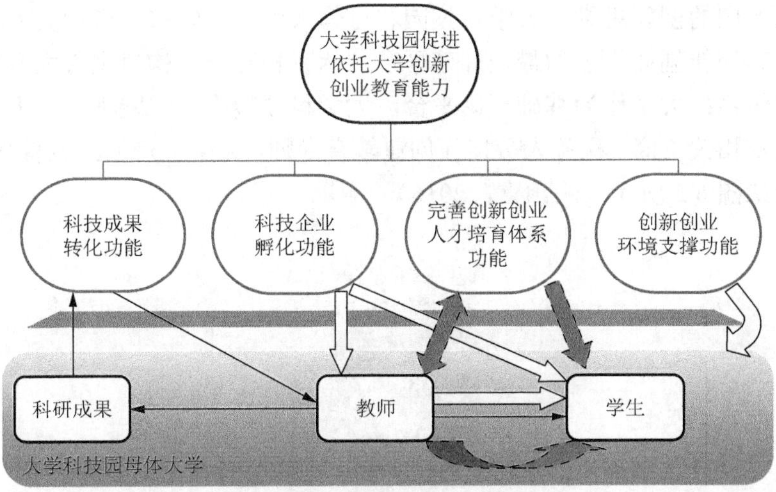

图 6.1　大学科技园促进依托大学创新创业教育能力

1．科技成果转化功能，提高成果转化成功率，提升教师研究水平

高校是原始创新的主要源头，每年产生大量科研成果，而由于自身体制束缚、缺乏资金或不能满足市场需求等原因，很多成果被“束之高阁”。大学科技园作为高校与企业的结合点，通过技术转移、专业服务等途径，促进高校科研成果“带土移植”，推动成果转化及市场推广。由于转化过程中需要切实可行的研究方法和技术路线，因此会“倒逼”大学教师对前期成果进行更为深入的研究与优化，这样不仅提高了科技成果转化的成功率，还提升了教师的研究水平和成果层次。

2．科技企业孵化功能，为高校师生打造创新创业基地

大学科技园孵化科技企业既包括在挑选并转化有发展潜力的科技成果的基础上创建科技型中小企业，也包括扶持处于初创期的高新技术企业，以及辅助大学师生创业。大学教师或学生携带科研技术到大学科技园中创业，由于技术发明创造者的参与使企业免去了支付购买技术的大量支出，而且使技术的研发、商品化与产品的营销这条创新产业链处于完全沟通状态。因此，更有助于成果转化和师生“创新创业产业链”的形成。

大学科技园通过提供孵化场地、日常办公等基础设施以及技术引导、研发支

持、共享平台、专家咨询、融资协助等多种形式为高校师生创办高新技术企业，逐渐将其培育成具有一定市场竞争力的企业提供支持。

3. 完善创新创业人才培育体系功能，为大学生编织创新创业摇篮

要想培养出创新人才，单独依靠大学自身是有限的，必须将眼光拓展到校外，才能形成他们的创新思维。大学科技园和母体大学与生俱来的密切关系，注定其是大学培养创新创业人才的最佳外延平台。两者相互结合构建完善大学创新创业人才培育体系：大学作为基础理论平台，大学科技园成为实践平台，大学教师和企业家以及相关工商、税务人员担任创业教育导师，大学生是创业教育受益主体。体系结构如图 6.2 所示（阴国富，2016）。

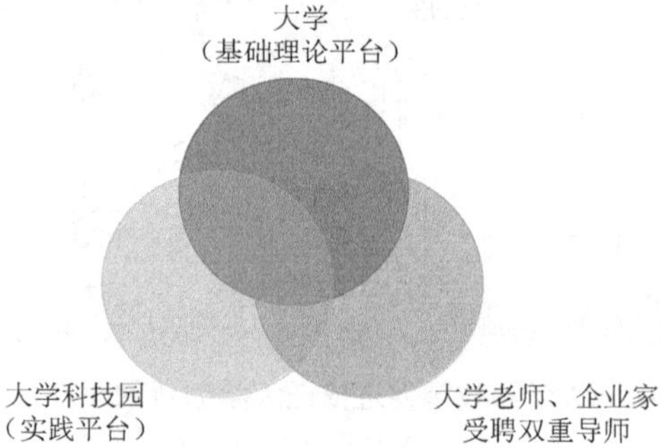

图 6.2　创新创业教育培养体系

创新人才在大学科技园中培养、锻炼分为两大块：一是大学教师从大学科技园中企业获得新思路、新思维，应用于他们的科研，进而提高教学水平和教授知识的先进性与实用性，间接提升大学创新创业教育。二是大学科技园立足区域特色产业、发展需求，针对大学生设定差异化的培养目标，依托大学丰富的教学资源、园区集聚的创新资源和高新技术企业，将项目管理引入在校大学生的创新创业活动中，通过专家导师指导、方案论证、短板培训、沙龙座谈、岗位实践、成果汇报等形式帮助在校大学生完成创新创业项目。大学生在大学科技园中通过锻炼、实践、参观、学习，激发创新灵感，汲取创业经验。将科技园搭建为大学生创新的摇篮、创业的基地，直接提升大学创新创业教育。

4. 创新环境支撑功能

创新创业教育文化氛围营造是大学开展创新创业教育成败的关键因素。创新创业教育不像其他课程的学习，但关键在于要行动、要实践。只有营造了浓厚的创新创业文化氛围，才有可能鼓励更多的学生有勇气去创业，有激情去创新。大

学科技园能够依托大学几十年甚至上百年积淀的人文环境，能够从理念、文化、组织、制度、机制等方面为创业者营造有利于创新创业的软环境支撑。

大学科技园作为大学与企业两种组织在政府和市场“两只手”共同作用下的联姻嫁接，被赋予大学和企业两种组织基因特质，形成了具有自身特色和运行规律的内在逻辑。

二、强化科技园创业教育功能

推进大学生创业教育是一项系统工程，大学科技园作为科技创新组织网络的中心，必须进一步强化大学科技园的创业教育功能，协调发挥大学生创业教育主体要素的作用，形成政府、大学、企业、大学生、大学科技园五位一体的创业生态系统。

1. 园区与校区互动，完善创新创业教育体系

（1）创新课程体系，理论教学与案例教学互补。大学科技园中的大量创业实例可弥补高校理论教学中案例教学的不足，无论创业公司是成功的还是失败的，都可以将其创业过程提炼成典型教案，展示从创业到成功或失败的过程，分析项目的创意和出发点，总结整理运营及管理流程。案例教学是一种比较直观和有效的创业教育形式，案例教学中的素材可以向大学生真实地反映创业中遇到的困难和解决的办法。作为理论教学的补充形式，案例教学丰富了课程教育体系的同时，给大学生带去了货真价实的生动的指导。

（2）加强人才培养，创业教育与专业教育相结合。大学科技园推进创业教育，必须和大学的专业学科紧密结合，并开展与之密切相关的创业实践活动，在这方面做得较好、具有典型示范效果的是剑桥科学园，剑桥科学园是依托于剑桥大学中的三一学院筹建的。由于剑桥大学的物理、计算机及生物科学等学科领域拥有较为明显的优势，剑桥科学园即围绕相关领域开展创业活动，先后建立了一系列高科技公司，公司的基本产品都是围绕三一学院的一项或多项科研科技成果进行生产，如西普数据公司诞生于剑桥大学的计算机实验室，分光小系统公司诞生于卡文迪什实验室以及剑桥系统公司诞生于计算机辅助设计中心。这种创业方式自然衔接于专业领域有众多好处，通过创业教育与专业教育的结合，为专业学科领域带来了市场发展需要的要素，专业学科可以及时调整，使专业和产业发展之间形成良性互动，而从学生角度来说，在学习专业知识的同时，吸收市场需要的知识对以后对专业的理解和应用都会更加与时俱进。

（3）提升师资力量，专职教师与企业家合作。大学生创业教育需要理论与实践相结合，作为大学生创业教育的一线实施者，大学生创业教育的教师，就应该首先具备理论知识和实践能力。因此，开展创业教育首先就要提高师资水平，提

升大学生创业教育教师的素质水平，纯理论的单相授课理念必须摒弃。提高教师的实践能力，可以从两个方面着手：第一是鼓励教师亲自到大学科技园从事创新创业活动，如到科技园内创办企业或者研究生工作室，教师和学生一同感受创业过程。第二是创新教学方法，在大学科技园内创办企业的教师与学生之间具有多重身份，既是业主和雇工，也是教师与学生，这种身份的转变，可以让学生切身感受到企业文化与校园文化的差异，这样的教学方法很容易对师生的创业思路产生启发。英国剑桥科园特别注重大学和企业之间的紧密合作关系，创新出大学生创业教育教师队伍中大部分人应该兼任企业的顾问或理事的观念和做法，认为只有这样才能感同身受地教好每堂课。此外，在鼓励教师走出去学习创业实践知识的同时，积极把大学科技园内的行业专家请进大学校园来，丰富和扩展创业教育的内容。其中包括企业家、投资家等，让这些熟悉市场规律和风险的行家里手直接对大学生进行创业教育，不仅弥补了创业教育课程枯燥无聊的缺陷，还能创新创业教育体系，使大学生能身临其境地学习，效果必定事半功倍。

（4）加大知识产权保护教育。在对样本院校进行知识产权调查活动中，问卷填写涉及大学生创新创业团队 160 个、院校普通在校大学生 600 人、高校教师 50 人、众创空间管理者 20 人、科技园企业 15 家，收回有效问卷 750 份。以陕西省院校为主，辐射甘肃、宁夏、青海、新疆等省（自治区）一些院校；参与调查团队涉及行业包括电子设计、文化创意、制造业、服务业、软件设计等多个细分领域；学生来自 9 所高校，覆盖大学一年级到四年级。调查显示，有 92%的受访者表示知道知识产权，整体开始对自身知识产权保护进行思考，对社会知识产权保护和建设情况有一些观察，但绝大部分对知识产权的认知仅限于商标注册和专利申请层面。笔者走访了解到，大学师生创业者在涉及服务标志、厂商名称、原产地名称、制止不正当竞争等知识产权范畴中问题较多，对知识产权的确权及专利申请能够带来倍增效益、知识产权可以通过质押进行融资等重要的应用事项不是很清楚。因此，高校应依托大学科技园法律部专业的科技型企业法律业务知识，加大对高校学生进行创新创业知识产权保护教育、知识产权咨询、代理、培训等活动。

2. 园区与社区互动，培养产业需求人才

（1）积极与城市发展对接，帮助学生找准创业落脚点。大学科技园与地方的优势产业及发展方向能否对接直接影响到大学生创业企业的可持续发展。每个城市有自己的产业特色和优势，大学科技园在帮助大学生选择创业项目的时候要有意识地将大学生创业和城市产业优势或产业基础相对接，这样才能够为大学生争取到更优惠的产业政策，得到更多的资源平台。因此，大学科技园推进大学生创业教育的过程中，要积极地和当地政府、产业规划处、发展和改革委员会等单位

保持密切联系，获得产业相关政策优惠信息和产业活动信息，帮助大学生找准创业项目的落脚点。

（2）积极与加速器对接资源，实现大学生创业的可持续发展。大学科技园目前在帮助大学生群体解决创业项目或创业企业从无到有的难题，但是在大学生创业的发展过程中，却没有充分利用起周边产业园或加速器的资源和力量。因此，提高大学科技园与加速器之间的有效对接程度，深化大学科技园与加速器之间的协同合作，形成大学生创业团队到大学生创业企业再到大学生创业产业化的全链条式的服务机制，在拓展金融资源方面，可以和加速器或产业园合作成立产业投资基金，引导大学生创业企业进入资本市场融资发展，引导大学生创业实现从弱到强的转变，创业大学生有更多的时间提升企业管理及运作能力，从而更好地领导企业不断发展壮大，最终实现大学生创业的可持续发展。

三、政策支持

1. 营造宽松的政策实施环境

营造大学生创业的良好发展环境，鼓励和扶持大学生积极投身于创业实践活动，是一项长期的战略性任务，需要社会各阶层全方位的努力与协作。政府尤其应在资金政策、社会保障等关键性问题上作出符合大学生创业自身特色的特殊政策或改进措施。

（1）打通创业资金来源多样化渠道。大学生自主创业的特殊性在于投资风险较大、初始创业成功率不高、短期盈利和还款预期较低、缺乏贷款的抵押物。因此，建议各级政府拟从创业型国家战略人才培养的角度予以该群体特殊扶持，加大无偿资助力度，提供贷款担保、政策性贴息、融资保全和风险投资基金等刚性服务；保护大学生创业积极性，宽容失败，对初次创业失败且经审查非人为故意的，可补贴所贷资金利息，延长其还贷期限；主导创建其首度创业失败允许二次甚至多次创业投资本息连续结算、回收机制；逐步优化从中央到地方的政府、企业、高校和民间资本等整体联动的大学生创业基金支持服务体系，丰富创业基金产品，降低基金门槛，明细使用流程，简化办理手续；建立资金使用监督制约机制、创业项目评估考核制约机制、创业经营信用机制，让各类政府和民间创业资金多渠道注入，以此维护大学生新技术产业和创业项目的投资经营权益。

（2）创建大学生自主创业社会保障制度。大学生自主创业与传统就业的区别在于前者存在着巨大的风险，后者则是相对稳定优裕的从众价值取向，这也是大学生就业持续不衰的“公务员热”的根本所在。政府应当考虑尽可能地解除大学生投身自主创业风险造成的心理压力和后顾之忧。因此，建议政府创建大学生自主创业社会保障制度：免除其劳动人事代理费，办理养老、医疗、失业、工伤和生育保险，建立就业援助和体制，发挥“五险”政策作用，保护和改善其基本生存条件；解除户籍限制，实行创业者的户口集中管理，允许在省区范围自由流动，发挥市场对人力资源的基础配置作用；加强对创业失败的预防、调节和控制，给予创业者一定阶段社会劳动保险补贴，消除其后顾之忧，促进社会公平和谐。

2. 赋予创业政策执行主体强有力的权责

政府应设立专门创业管控机构以推动大学生创业，用战略立法形式把创业扶持政策法制化，以确保大学生创业优惠政策能够有效执行，使创业者真正受益，引导越来越多的大学生投身自主创业。中央应对各政策执行主体予以权责界定，赋予政策执行主体以法定权利和与之相配套的义务以及行政不作为所承担的惩戒责任。

（1）搭建政策运行程序平台。政府应揭示大学生创业能力的特殊性，对于社会从业人员和成功创业者，大学生创业能力有明显短板和优势提升空间。政府应根据其自身的特征，在帮助克服社会资源、实践经验不足等事业初创阶段中，积极为大学生新办企业在核查审批、投资扶持、社会服务等综合事务办理过程中提供“绿色直通车”或“一条龙”办结服务窗口；在相关部门间实行项目可行性考察、投资信用、信贷规模、商务价值、市场空间评估等结论共享，简化审查程序；设定优惠政策兑现以及审批程序办结流程，推行“窗口内部流转”“一站式服务”，缩短办结时限，挤压推诿扯皮空间；寻求创业导师帮扶和法律援助支持，实施新创企业定期跟踪考察服务制度，降低创业风险。

（2）明晰各政策执行主体权责和义务。各级政府可以成立大学生创业优惠政策执行和监管机构，界定政策执行主体部门权责义务，实施和监督考察对大学生创业优惠政策的实施情况；督导各级行政部门、高等院校对政策措施的传播状况，深入大学生群体宣传政策、了解诉求、征询意见和建议，帮助创业者维护国家赋予的创业创新合法权益；发动社会各界对大学生创业政策实施主体予以监督，对行政机关在政策执行中的“不作为、乱作为”现象设立监督举报奖励和核查惩处网络。

四、打造全方位的园区服务平台

1. 加强基础设施建设

大学科技园拥有完善高效的服务体系是为大学生创业团队提供全方位孵化的前提，全方位孵化包括从研发到技术到企业到市场再到创新。园区的基础设施是大学科技园必备的硬件条件，园区应加强基础设施建设，为大学生创业提供完善的创业条件和环境。提高服务质量，增强服务能力，有效解决创业过程遇到的各种难题。例如，大学科技园可以设立一条龙企业服务大厅，开通包括工商、税务、法律、金融等服务窗口，有必要时集成政府的部分职能，实现一站式服务，使大学生能更加便捷地完成创业所需的复杂手续，从而让大学生有更多的时间专注于创业企业的发展。

2. 加强中介服务体系建设

加强中介服务体系建设，积极引进中介服务机构，包括技术转让、项目推广、绩效评估、技术合作、成果转让等技术服务部门，还有产品营销、法律咨询、知识产权等各类咨询服务机构。另外，根据不同企业的需求，积极引进和培育一些特殊类型的中介服务机构，多元化服务内容，提升服务层次与质量，如技术交易、培训教育及证券咨询等服务机构。因此，大学科技园应根据当地产业特色，建立技术转移交易中心，让大学生创业团队能够以地方会员的身份加入全国性技术交易中心，为大学生创业团队对接高新技术企业，并为以后的产权增值奠定良好基础。

3. 加强与社会组织联系

加强园区大学生创业企业与大学生创业商会及行业协会的联系。大学生创业企业与大学生创业商会及行业协会在性质上虽然是自律性质的中介组织，不过它们同时在行业企业之间、行业企业和政府之间发挥着桥梁纽带的作用，是创业者之间交流技术、沟通管理和合作经验的重要依托，其在促进大学生创业稳定发展方面的作用不可替代。因此，大学科技园必须重视商会和协会的作用，指导成立多种行业协会，利用商会、协会等社会组织的力量和资源，帮助大学生创业者尽快融入产业领域之中，得到最专业和全面的产业信息，提高自身创业素质和能力。行业协会、大学生创业者商会还可以形成产业联盟，形成规模效应，这样可以提高行业竞争力，降低风险。因此，大学科技园如果能有效地促进大学生创业团队加入到行业协会商会之中，将能够帮助大学生创业者最快地获取信息，形成联盟，共同发展。

五、建立并完善风险投融资体系

1. 完善风险投资体系

加强对大学生创业企业的推介力度。通过专业企业包装公司对大学生创业企业进行适当的包装，提升该部分企业的管理和营销能力，吸引更多投资资金的加入。拓展企业宣传方式，包括对大学生创业项目打包介绍、利用园区网站对大学生创业团队网站宣传以及组织大学生参加各种类型的交流会等，拓展服务手段，扩大大学生创业团队的融资引资的推介面。发展“资金+管理”的融资模式，即风险投资公司不再单纯地向大学生创业企业投注资金，而是适当输入管理理念。风险投资公司既能为公司注入资金，又能带来符合现代化的管理理念及运营方式，使大学生不仅收获了创业项目的启动资金，有了资金保障，同时还能够充分利用资源，学习到企业管理、项目运作、人力资源等方面的知识，实现资源最大限度的利用，在市场竞争中，能够从容应对。另外，风险投资公司可以参与管理大学生创业企业的运作，他们对企业的信心得到提升，会有更多的风险投资公司愿意为企业投资。因此，科技园应在引进投资公司的同时，积极引导大学生创业企业的思想观念，增强创新意识，提高创新能力，增加吸引风险投资的机会。

2. 畅通融资担保体系

大学科技园中的大部分大学生创业企业的成立所依托的是创意和技术，缺少相应的固定资产，银行能否贷款决定着大学生能否建立创业企业。此类企业发展的不确定性非常突出，需建立信用担保体系，并逐步提高企业的信用等级，才能使银行增加对大学生国内创业企业的信任程度，银行贷款才能水到渠成。鉴于此，可采取如下措施：成立大学生创业企业信用担保机构，并在其中设立企业风险担保资金，向园区大学生创业企业提供银行贷款担保；成立银科企联动机构，组织商业银行、科技研发机构和大学生创业团队的成员，开展具有创新特色又能够以企业发展为主题的各项活动，通过活动加强他们之间的交流和信息沟通，动态了解大学生创业企业的发展情况，增强银行对企业的发展信心。

六、营造创新的创业文化环境

大学科技园既需要不断提高基础设施和服务质量，还应注重加快建设园区的创业文化，充分发挥大学科技园创新创业前沿阵地的作用，营造浓厚的创新创业文化氛围，吸引更多的科研院所及高校的高素质人才到园区开展创新创业活动。大学科技园引导鼓励大学生创业企业培育创新及冒险精神，在科技园内部营造一种鼓励创新、包容失败的创业文化氛围；同时，保持园区的创新务实及追求效率市场经济的价值观念不可动摇；加大对大学生创业教育的支持力度，提高高校学生的创业文化素质，在大学生之间营造良好创业文化氛围。

第六节　科技孵化器平台提升推动作用

一、大学科技园科技孵化器平台简介

科技企业孵化器主要功能是通过提供全方位、综合性的创业支持服务，降低科技型中小企业的创业风险和创业成本，提高企业的成活率和成功率。因此，核心服务能力的建设工作对于孵化器的建设和发展至关重要，而构建科技公共服务平台是提升孵化器服务能力的重要手段。经过多年的发展，大学科技园区服务中心的从业者深刻认识到，若想提高科技型中小企业的创业成功率，切实发挥孵化器的培育功能，就要搭建从企业创业初期到产业化全过程所需的公共服务平台。

笔者以大学科技园孵化器科技服务平台的设计与优化为实施目标，根据园区对企业孵化以及管理工作的实际需求，通过借鉴国内部分先进孵化器的成功经验，参考国内外先进的信息服务平台建设方法，以企业孵化信息服务平台的功能分析、系统设计以及系统实现的过程为角度，在高新技术企业孵化器科技服务平台建设的相关理论的基础上，针对当前大学科技园区孵化器公共服务体系所存在的服务模式单一、资源有待整合、处于服务平台建设起步阶段等问题，建设一个有效促进园区企业迅速发展的高新技术企业孵化器科技服务平台。

二、主要目标

为了加强大学科技园科技创新服务共性服务平台建设，大学科技园科技型企业孵化器服务平台应以服务企业、服务园区、服务社会、服务高校师生创新创业为基本设计宗旨，全力构建一个符合大学科技园实际，要素完备、配置高效、网络互动、充满活力的孵化服务体系。努力实现孵化器的集约化、多元化、网络化、国际化和专业化经营，把孵化器建成创业人社区。

通过对大学科技园科技型企业孵化器服务平台的分析，构建基于面向服务SOA的分布式孵化器科技服务平台架构，进行平台系统的框架建模、作业流程建模、监控服务建模、管理服务建模、统一的业务数据库以及实体数据服务建模，以确保软件的分布式重用及敏捷集成。最终建设成一个有效促进园区企业迅速发展的高新技术企业孵化器科技服务平台，平台的建设由中介平台、信息平台、投融资平台和专业技术平台等四个功能模块组成。每个平台下又整合多个与中小型企业成长密切相关的资源。平台的各项服务功能需要针对企业发展的不同阶段进行动态调整，即做到准确把握和解决问题，又使得有限的资源得到合理的利用，实现平台系统服务西部地区高新技术企业孵化与长期发展的目标。

三、主要研究内容

本节的研究综合应用苗床理论、科技创业理论和科技创新理论以及社会生态系统的思想，在对国内外科技企业孵化器网络化运营及其管理进行比较研究的基础上，提出科技企业孵化器网络化运营创新的研究框架，系统分析科技企业孵化器网络化运营的价值主张与创新，提出差异化战略、提升顾客价值和缔结战略联盟等基于价值链的价值创新战略；深入探讨科技企业孵化器的内部网络形态和外部网络体系，构建科技企业孵化器的创业支撑网络，搭建网络化运行的支撑平台，为网络成员与在孵企业提供了信息交流、合作研发、成果展示和知识共享的机会，并形成以契约治理、网络治理和第三方治理为主的整体网络治理机制。在此基础上，对其网络化运营的盈利模式进行设计，并构建网络化运营的科技企业孵化器孵化的运行系统模型及相关指标评价体系，通过模拟分析的方法对其网络化运营现状及孵化器模型进行评价。

四、研究的关键技术及技术难点

1. 构建大学科技园区科技型企业孵化器模型

首先构建大学科技园科技型企业孵化器创业支撑网络的结构模型；其次提出以契约治理、网络治理和第三方治理为主，三者相互补充、交叉强化而形成的一个整体网络治理机制模型；最后通过问卷调查和专家面谈收集数据，利用层次分析法和模糊综合评价法对科技企业孵化器的孵化力进行评价，构建网络化运营的科技企业孵化器评价指标体系。

2. 构建平台框架和结构关系

根据各类科技企业信息和服务业务建立平台的框架结构。在硬件结构方面，拟采用三层结构，分别为后台服务器层、应用程序服务层、客户端层。采用该结构的优点是部署简单，维护方便，投资小，对软件的实现能提供较好的支持。软件结构拟采用三层结构实现基本功能。

技术难点为孵化器业务流繁多并且有很大灵活性，在架构上处理好各种服务流的相互关系，使该平台是一个集信息发布、高新技术企业管理、技术交流、融资服务、科技资源的统一综合体。同时该平台要求能突破地域限制，部署在云服务平台上，成为不受地域限制、功能灵活扩充、动态实时服务的高新技术企业孵化平台。

3. 用户管理

作为一个高校、企业和其他社会力量多领域的管理平台，从用户的角度，其用户分为三类：第一类为平台的管理者，第二类为平台业务流中各个部门的使用者，第三类为服务对象。每种用户既是信息的提供者，又是信息的使用者。但是该平台又不是一个允许随意发布信息的平台，需要建立用户管理的分级审查和信息真实性的分级审查。因此，在用户管理模式和使用权限上需要既符合用户使用要求又达到强化管理的目的。

4. 资源的共享与业务流的动态扩充

将国家、省、市三级科技信息中心的科技信息经过组织分类后与各单位共享利用。同时通过各单位对本单位科技资源的管理，实现科技资源的不断收集和整理，从而改变以前单靠管理部门一家收集科技资料的被动局面。采取科技信息的分级审查和管理制度保障其真实性和有效性。

第七章　西部地区应用型院校渭南师范学院创新创业教育

第一节　渭南师范学院概况

渭南师范学院地处渭水华岳之间的渭南市，肇始于1923年，经历了赤水职业学校和“抗大式”的赤水农业职业学校、20世纪50年代末到60年代初的渭南师范学院、改革开放以来的渭南师范专科学校与渭南教育学院、新渭南师范学院等。现今，已成为一所以教师教育为主要特色的综合性地方高校，正朝着建设特色鲜明的高水平地方师范大学的目标迈进！

学校具有学士学位授予权，与国内外15所高校合作培养硕士、博士研究生。与莫斯科国立师范大学共建“丝绸之路中俄教师教育协同创新研究生院”，培养高层次教师教育人才。现有12个二级学院及国际交流学院、中华仓颉汉学院和继续教育学院，开设63个本科专业，涵盖教育学、文学、理学、艺术学等10大学科门类。

学校突出协同创新特色，围绕学科、教学、科研三大主场，建设、整合、提升和创新各类平台。建有陕西省马克思主义大众化普及基地、中国司马迁与史记研究院、西部军民融合技术产业发展研究院、陕西省河流湿地生态与环境重点实验室、陕西省X射线检测与应用研究开发中心、陕西省低碳醇催化工程中心、陕西省西部民间音乐舞蹈研究中心等14个省级科学研究平台和18个产学研平台。

学科、教学和科研团队形成具有特色与优势的主攻方向，主要有：司马迁与《史记》、陕甘边根据地史、军民融合技术产业、中小企业管理、知识产权、马克思主义大众化等人文社科类主攻方向；概率论与应用、西部文化创意产业、光电检测、光电一体化、清洁能源、新型材料、湿地生态保护等理工类主攻方向；中国钢琴与中国音乐、西部民间音乐舞蹈创作表演、地方戏剧创作表演、大秦岭美术流派创作、美术设计等艺术类主攻方向。

学校注重大学生创业创新能力培养，建有省级大学科技园和国家级众创空间；在同类院校中较早设立“大学生创新创业训练计划项目”，设有“大学生创业创新校长奖”，是教育部大学生创业创新训练计划试点高校、陕西省创新创业教育试点高校。

学校重视教师教育，实施卓越教师培养计划，实行高校教师和地方中小学教师共同指导师范生的“双导师制”，加强师范生职业技能培养；建有秦东教师教育协同创新中心、教师教育协同创新实验区、教育科学研究工作站，服务和引领秦东及生源地基础教育工作。

学校坚持开放办学，积极开展国际交流活动。学校与韩国、俄罗斯、白俄罗斯、美国以及中国台湾等国家和地区的31所高校建立合作与交流关系，与莫斯科国立师范大学创建莫斯科艺术学院获教育部批准，2016年11月7日，中俄总理见签了《中华人民共和国教育部与俄罗斯联邦教育科学部关于支持举办“渭南师范学院莫斯科艺术学院”的谅解备忘录》。

在新的历史起点上，学校党政领导带领广大师生坚持贯彻落实以习近平同志为核心的党中央的系列决策，坚持科学发展，着力内涵提升，切实履行人才培养、科学研究、服务社会、文化传承与创新职能，为加快推进建设特色鲜明的高水平地方师范大学进程而努力奋斗!

第二节　渭南师范学院办学条件及“双创”教育现状

围绕“应用型”院校转型调整、创新创业教育要求，渭南师范学院在过去几年各方面均取得长足发展，办学综合实力得到全面提升，为建设“特色鲜明的高水平地方师范大学”奠定了坚实基础。

一、办学条件显著改善

近三年，渭南师范学院新增建筑面积20.45余万平方米，实验室和实践教学基地建设投入资金1.58亿元；新增纸质图书25余万册，电子图书20万册，中外文数据库20个，校园数字化建设实现全覆盖；绿化升级改造面积42万平方米，美丽校园建设成效显著；固定资产总值与教学仪器设备值稳步增长。

二、人才培养质量不断提升

2011年、2013年、2015年学校先后3次修订人才培养方案，优化课程结构和实践教学体系，“2+2”本科人才培养模式特色鲜明，成效显著。

学校申请本科教学工程项目66项，新建11个校级卓越教师培养项目、13个校级人才培养模式创新实验区、10门校级网络教育课程、119门校级精品资源共享课程、33门校级双语教学课程；新增省级人才培养模式创新实验区6个，省级实验教学示范中心6个，校级实验教学示范中心10个，如图7.1所示；获批国家级教师教育精品资源共享课程1门、省级精品资源共享课程19门、省级精品课程8门、省级双语教学示范课程1门。

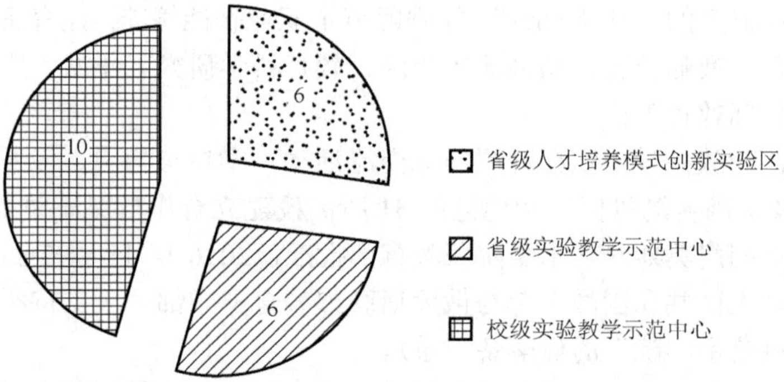

图 7.1 实验教学示范中心

学校设立教改项目 185 项，获批省级教改项目 7 项，校级教育科学研究项目 42 项；获国家级教学成果奖 1 项，省级优秀教学成果奖 5 项，65 人获校级教学成果奖；编写教材 31 部，其中 2 部获省级优秀教材；新建或升级实验室 128 个，新增实习、见习基地 38 个。

学校自 2011 年起在全校本科生中实施“百项大学生创新计划项目”，每年资助 100 项思路新颖、目标明确、具有创新性和探索性、研究方案可行、实施条件可靠的大学生创新计划项目。截至 2017 年 5 月，共获批国家级大学生创新创业训练计划项目 121 项，省级大学生创新创业训练计划项目 187 项，校级大学生创新创业训练计划项目 700 项，如图 7.2 所示。307 名大学生和 129 个团队获“大学生创新创业校长奖”，30 多项科研成果获省级以上大学生竞赛奖，学校被确定为首批“国家级大学生创新创业训练计划”试点高校。

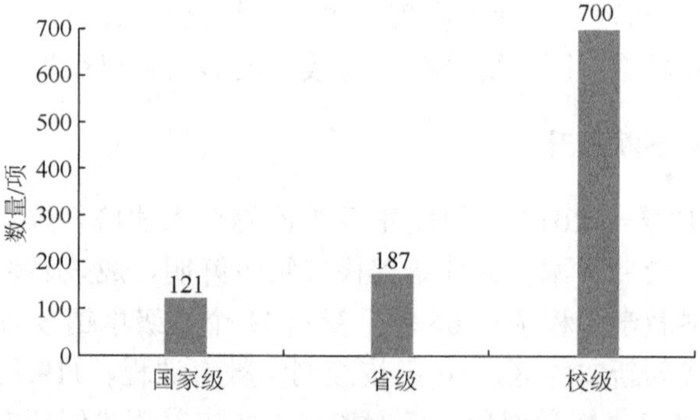

图 7.2 大学生创新创业计划项目开展情况

为进一步推进大学生创新创业教育，2015 年起，学校又设立“大学生实体创业计划项目”。2015 年，资助项目 198 项，经费 400 万元；2016 年，资助项目 50 项，经费 100 万元。2017 年 5 月，学校主办了首届“中国金粟山丝绸之路文化创意产业国际论坛”，“世界创意经济之父”约翰·霍金斯担任论坛名誉主席。

学校选聘数十名教学督导，加大对教学情况的检查力度；深化人文与科学素质教育、第二课堂、对外合作办学等教育教学改革，完善教学质量评估体系，实行“三位一体”导师制。毕业生初次就业率保持在88%左右。新生录取线、就业率、考研率三项人才培养质量指标稳居全省同类高校前列。

三、学科建设稳步推进、专业发展趋向综合化

学校新增农学学科。文学、艺术学、教育学、管理学、理学特色增强，实力提升，项目成果增加。2011年、2014年、2017年学校设立三批30个校级特色学科建设项目。先后遴选7名“渭华学者”、18名学科带头人、25名后备学科带头人。

学校现有63个本科专业（师范类22个，非师范类41个），涵盖10个学科门类，初步形成以文理基础学科为主体、教师教育为特色、学科门类比较齐全的专业体系，本科专业数量和学生规模居省内同类院校前列；先后设立58个校级专业综合改革项目，遴选400余名专业建设与课程建设负责人；获批国家级专业综合改革试点项目1个、国家级特色专业建设点1个、省级专业综合改革试点项目4个，实施446个校级专业课程建设项目，建有200多门网上教学课程资源库。

四、师资结构更趋合理

学校引进博士16名、硕士108名，69人攻读博士或硕士学位，现有博士及在读博士150人、硕士及在读硕士453人，硕士研究生及以上教师占专任教师总数比例达到91%；442人次晋升职称，新增二级教授2人，三级教授5人；现有教授等正高职称人员109人，副教授等副高职称人员336人，高级职称教师数占教师总数比例达到36.7%；有“双师型”导师182人。

五、科学研究取得显著进展

近年来，学校成立“陕西省院士工作站”，新建西部军民融合技术产业发展研究院、秦东历史文化研究中心、中国司马迁史记研究院、陕西省马克思主义大众化普及基地、陕西省河流湿地生态与环境重点实验室、陕西省X射线检测与应用研究开发中心和陕西省低碳醇催化工程中心等7个省级科研平台，孔子学堂被共青团中央网络影视中心授予国学教育示范基地。

学校近年来承担各类科研项目1184项，其中国家级、省部级项目225项，资助经费380万元；厅局级项目303项，资助经费601万元；各类校级科研项目586

项，资助经费 533 万元；横向课题项目 70 项，资助经费 380 万元。学校年均科研经费 604.25 万元，分布情况如图 7.3 所示。

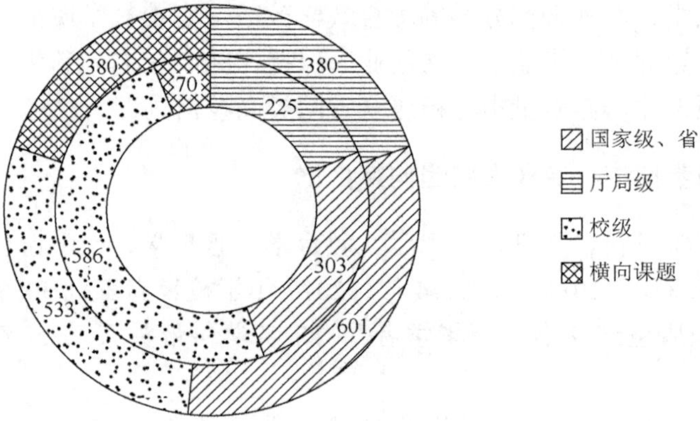

图 7.3　近年来承担科研项目情况

内环为项目数（单位：项）；外环为资助经费（单位：万元）

科研成果逐年递增。2011 年以来学校发表学术论文 8411 篇，其中核心期刊论文数量增长到 5350 余篇，被 SCI、EI 检索 369 篇，出版学术专著 120 部，获专利 19 项；获教育部人文社科奖、陕西省政府哲学社会科学优秀成果奖、陕西省人文社科优秀成果奖等 35 项；1 人被评为陕西省青年科技新星，1 人当选渭南市首席学科专家，8 人次荣获渭南市青年科技奖或科学技术奖，5 人入选“渭南市基础研究类百名科技人才计划”；出版论刊 62 部，《渭南师范学院学报》入选“RCCSE 中国核心学术期刊（A）”，“司马迁与《史记》研究”被评为教育部名栏建设项目，产出了《史记通解》和《史记论著集成》等一批高水平、标志性重大科研成果。

六、大学科技园、众创空间等“双创”实践平台完善

（一）大学科技园发展历程

渭南师范学院大学科技园始建于 2011 年 9 月，迄今为止，先后经历了 4 个发展阶段。

（1）建设起步期（2011 年 9 月至 2013 年 6 月）：从成立“渭南师范学院大学科技园集团”到成立“渭南师范学院科技园管理委员会”和“科技园管理委员直属党支部”，初步建立起具有实际管理与运营能力的专门机构。

（2）初步成型期（2013 年 6 月至 2014 年 12 月）：将“渭南师范学院大学科技园集团”更名为“渭南师范学院大学科技园有限责任公司”，将“渭南师范学院科技园管理委员会”更名为“渭南师范学院大学科技园管理委员会”，下设办公室，

形成切实、规范、科学的大学科技园管理经营机制。2014 年 12 月加入泛西北地区大学科技园联盟。

（3）发展完善期（2015 年 1 月至 2016 年 11 月）：不断加大园区基础设施建设，完善各项服务及平台功能，根据发展需要优化管理体制，裁撤“渭南师范学院大学科技园管理委员会”，建立起科学规范的管理体系和运行机制，逐步形成以大学科技园主园为中心的科技成果产业化孵化辐射体系，成功获批省级大学科技园。

（4）优化提升期（2016 年 12 月至今）：在富平校区建立渭南师范学院科技园教育与文化创意产业园（以下简称“文创园”）为契机，致力于建设高水平国家大学科技园，大写特写文化创意新篇章，把渭南师范学院文创园建设成产学研有机结合、特色鲜明的世界大学创客空间。渭南师范学院大学科技园机构设置如图 7.4 所示。

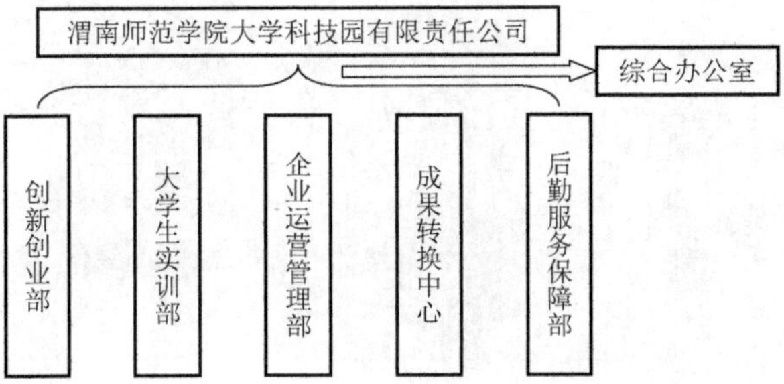

图 7.4 渭南师范学院大学科技园机构设置

（二）大学科技园建设目标

大学科技园以增强自主创新能力为核心，以体制机制建设和改革为动力，以文化创意为抓手，以促进学校科技成果转化、促进创新创业人才培养、促进区域经济发展为重点，把大学科技园建设成为学校科研成果转化与产业化的重要渠道，高新技术企业和战略性新兴产业培育的重要载体，促进区域经济发展的重要支撑，成为学校创新创业教育和高层次创新创业人才培养的重要基地，成功创建特色鲜明的高水平国家级大学科技园。

（三）功能布局

渭南师范学院大学科技园由两大区域构成，功能主要包括创业服务平台、中介服务平台、信息服务平台和行政服务平台，以及创新创业就业训练等，为创业者提供全方位服务。两大园区功能布局如下。

（1）大学科技园（渭南园区）。园区占地 108 亩，可自主支配场地约 4.36 万平方米，目前在孵化企业使用的面积为约 2.85 万平方米，定位为创新创业综合服务平台，主要引进新一代信息技术和新能源、新材料、先进装备制造、节能环保等高新技术和战略新兴企业入园。配备光纤宽带多媒体网络系统、会议室、展示厅、报告厅、大礼堂、省级平台、企业办公室、餐厅等公共设施。平面图如图 7.5 所示。

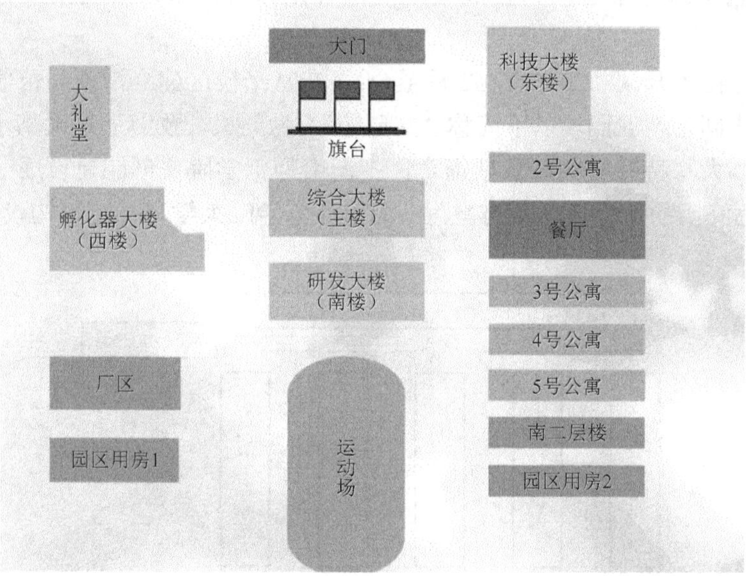

图 7.5　大学科技园渭南园区平面示意图

（2）教育与文化创意产业园（富平园区）。园区占地 924.6 亩①，建筑面积约 9 万平方米，其中大学生创新创业中心 2 万平方米。文创园坚持教育与文化创意产业为主，集教育、文化创意、创意产业于一体，打造丝绸之路高等教育文化创意产业基地，努力建设高水平国家大学科技园暨世界大学众创空间。

（四）创业服务体系

（1）政务服务平台。渭南师范学院大学科技园依托渭南国家高新技术开发区，设置了项目管理部，负责与政府对接，为入园企业和大学生创业提供工商注册、办理税务、劳动保障等方面的政务服务。

（2）信息服务平台。渭南师范学院大学科技园发挥联系政府、行业、学校和企业的中枢功能，通过大学科技园网站与学校、政府和企业有机链接，建立了完

① 1 亩≈667 平方米。

善的信息网络体系，有力地推进了产学研结合、技术成果转化、人力资源共享及产品市场开发等资源要素的整合利用。

（3）融资服务平台。在企业孵化阶段，大学科技园出面帮助企业与相关金融机构牵线搭桥，为企业切实解决融资问题。为支持大学生创新创业，2015 年以来学校在大学科技园设立 500 万元投资基金，优选学生创业项目，重点扶持有潜力、科技含量高、发展前景好的项目，为其研发和市场化提供强有力的资金支持。

（4）技术服务平台。学校成立了科技成果转化中心，并于 2016 年底被陕西省科学技术厅认定为省级科技成果转化中心，大学科技园与科技成果转化中心实现了良好的协同互助关系，通过渭南师范学院科技成果转化中心承载的服务地方功能，为大学科技园区企业提供必要的技术服务。

（5）合作交流平台。渭南师范学院大学科技园依托学校的办学优势和合作交流平台，积极推动入园企业开展对外合作与交流。

（五）产业化支撑服务平台

（1）渭南师范学院现有的 14 个省级科学研究平台和 18 个产学研平台，是入园企业技术创新和产业化发展强有力的支撑平台。入园企业选拔优秀学生进入企业，将渭南师范学院培养的毕业生充实到企业的技术研发、经营管理和市场开发等工作岗位，为企业发展提供了人才保证。

（2）渭南师范学院联合地方政府制定政策，为入园企业发展提供支持和保障，是科技园服务企业产业化发展的支撑平台。学校出台了《关于加强产学研合作提升协同创新能力的意见》等政策文件，支持和鼓励学生创业。分别与渭南市政府、临渭区政府、富平县政府签订了《渭南市人民政府渭南师范学院战略合作框架协议》《临渭区人民政府渭南师范学院大学科技园战略合作框架协议》《富平县人民政府支持渭南师范学院文创园建设的框架协议》，为地方企业入驻大学科技园搭建平台，为促进地方产业化发展提供服务。

（六）企业孵化情况

渭南师范学院大学科技园建园以来，培育、引进、孵化企业共计 53 家，其中引进企业 25 家，在孵化企业 14 家，孵化完成的毕业企业 14 家，主要涉及新材料、新技术、教育培训、软件开发、艺术创作、社会服务等领域。

（七）创新创业人才培养情况

在人才培养方面，大学科技园紧密结合创新型人才培养的特点，通过“渭华青年”创业沙龙、“科学论坛”、“博士论坛”等平台，培训培育各类创新创业型人才 2600 余人，提供和推介就业实习岗位 1800 个，其中大学生实习 3800 人，就业 331 人，创业 126 人。

截至 2016 年底，在大学科技园进行研发的各级各类项目共计 50 余项，成功申请专利 32 项，推动了产学研的紧密结合，为科技成果产业化提供了途径。

大学科技园先后对 400 余项大学生实体创业项目进行了创业实训。采取“一期五讲、外出参观、课程快补、沙龙活动、总结报告、评选最佳”等方式，对创业学生开展模拟实体创业的训练。同时，邀请工商、税务、创业成功人士、专业教师等 300 余人为学生作创业报告、政策解读、课程指导 350 余场，近 5000 人参与了培训活动。先后组织各个创业团队赴西安光学精密机械研究所、西安交通大学国家级众创空间、华中科技大学国家大学科技园等省内外 100 余家次单位参观、考察、学习，开阔了学生的知识视野，强化了学生的创业意识，增强了学生的就业能力。

2017 年 5 月，科技园与众创空间联合承办了“首届中国金粟山丝绸之路文化创意国际论坛”。本次论坛由教育部中国教育国际交流协会指导，以“创意 •创客 •未来”为主题，围绕“文化与经济”“科技与经济”“文化与科技”三大主旨展开。世界创意经济之父、著名经济学家约翰 • 霍金斯，著名文化创意专家张炜，文化部中国艺术科技研究所文化标准研究中心主任闫贤良，教育部中国教育国际交流协会副秘书长沈雪松，渭南师范学院校长丁德科，英国、巴基斯坦、越南、阿尔及利亚、布隆迪等国家的专家学者，华中科技大学、北京邮电大学等 50 余所高校的专家学者，新华社、中国青年报、中国教育报等新闻媒体，渭南师范学院校领导及师生代表共计 500 余人参加了论坛。本次论坛通过主题报告、圆桌会议、创新创业成果展、文化创意汇报等多种形式举行活动，成为富有思想引领作用的高端性文创国际论坛，成为充分表现大学生“双创”的展示性文创国际论坛，成为全面生动反映大学生“双创”进程与成就的“接地气”的文创国际论坛，是渭南师范学院、渭南师范学院省级大学科技园贯彻习近平主席构建完善产学研紧密结合体系思想的切实举措。

（八）众创空间成绩斐然

渭南师范学院创客空间依托省级大学科技园，按照“楷模引领、课程培训、团队攻关、成功之母”的方针，坚持“成功导引、项目助创、容忍失败”的原则，组建大学生创业联盟和创业俱乐部，打造以大学生为主体、以大学生创业项目为实体、以大学生“创客”试水为创新体的“三位一体”创新创业实践模式。众创空间高度重视学生参加科技竞赛及创新创业大赛活动，先后组织参加教育部、工信部、微软公司、思科公司等举办的各级各类竞赛活动400余场次，荣获奖项380余项，其中Beyond团队荣获第七届全国高校市场营销大赛总决赛"特等奖"，并代表国家参加国际市场营销大赛。

众创空间突出的成绩得到了陕西省、科技部的高度认可，先后被授予首批"陕西众创空间孵化基地"和第二批"国家级众创空间"，并纳入"国家级科技企业孵化器"服务管理体系。

第三节　渭南师范学院作为地方应用型院校在转型期面临的机遇与挑战

一、发展机遇

未来五年是我党"两个一百年"奋斗目标的第一个百年奋斗目标——全面建成小康社会的决胜阶段。经济建设、政治建设、文化建设、社会建设以及生态文明建设全面推进，工业化、信息化、城镇化、市场化、国际化深入发展，人口、资源、环境压力日益加大，经济发展方式加快转变，都凸显了提高国民素质、培养创新应用人才的重要性和紧迫性。陕西矢志追赶超，四化同步加快推进，经济提质增效，决心加入全国第一方阵。同时，陕西又是"一带一路"的重要支点和向西发展的前沿，为充分释放教育科技潜能提供了广泛平台。渭南地处秦晋豫黄河金三角区域经济带和关中天水区域经济带，是中央多项战略的重叠区，区域支柱产业、高新技术产业、新能源新材料、煤化工、食品、特色农业等行业一线急需学校提供技术服务和智库支持，培养适用紧缺的应用型、复合型、创新型人才。

同时，国家推进基础教育均衡发展，普及高中教育，人民又期待孩子接受良好教育，这些将加大对优质教师的需求，使基础教育师资培养的规模和层次将有所提高，这对地方师范院校学科建设和专业建设、培养高水平师资，提供了十分难得的发展机遇。

另外，国家要求高校要从适应和引领经济社会发展新常态、服务创新驱动发展的大局出发，以改革创新精神，推动部分普通本科高校转型发展。政府将不断加大对高校教育投入，给予学校更多办学自主权，鼓励高校更新办学观念，优化结构，推进内涵发展，走特色发展之路，不断提高人才培养质量，拓展办学空间，这也将为学校创造更多发展机遇。

二、面临挑战

（1）资源争取挑战。长期以来，该校资源供给主要依赖省级政府的资源配置，面对国家社会经济结构调整与产业加快升级，具有行业背景大学与社会需求结合紧密，创新驱动势头强劲，各类市场资源易向其倾斜，而新建的地方院校，尤其是省会外高校就面临着争取资源的严峻挑战。

（2）生源吸引挑战。根据国家人口普查资料显示，未来几年高等教育适龄人口将不断减少；国际教育服务迅猛发展，国内外知名高校不断加强生源吸引；陕西属高校大省，一些发展早、发展快的大学在学科建设、专业布局、师资力量、科学研究、社会服务、办学能力、社会影响等方面更具优势，更具生源吸引能力。因此，吸引生源将会是今后一个时期的严峻挑战。

（3）学生就业挑战。从国家统计数字看，我国高校毕业生持续性过剩，加之用人单位对学校人才培养不断提出新选择，家长和学生对学校人才培养不断提出新要求。为学生创造更好的就业优势和就业渠道，将是未来必须面临的严峻挑战。

（4）结构转型挑战。同一地区同类高校近年呈现全面快速发展态势，合作竞争非常激烈。该校办学历史使形成的文理基础学科所占比例大，应用型学科专业建设时间短，转型发展中的结构调整还在探索等，在一定程度上对该校学科结构、专业结构、人才培养结构转型形成压力和动力。

三、薄弱环节

（1）发展动力不强。学科专业结构不尽合理，学科水平总体不高，重点学科建设相对薄弱，一些学科专业还不能很好地适应高等教育国际化和经济社会发展新常态需要。

（2）人力资源不强。教师队伍整体素质有待提升，特别是高层次、高水平教师人数和创新团队数量不足。面对创新创业教育对指导教师的高要求，“双师型”教师团队薄弱，具备较强创新意识且应用型科研实力较强的教师相对缺乏。绩效考核主体太过单一，考核指标缺乏针对性和对创新创业教育的倾斜性。

（3）教育教学质量不高。人才培养模式改革还不能很好适应学生成长成才需要和社会对人才的需求变化，应用技术型人才培养模式有待探索，教学质量评估监控机制还有待完善。

（4）服务社会能力不强。创新驱动能力有待提高，特色发展有待加强；标志性科研成果少，基层学术组织缺乏活力，科研队伍还不稳定，科研成果转化率不高；与渭南地方社会发展融合度不高，服务区域社会动力与能力不足。

（5）国际化水平不高。国际交流与合作领域狭窄，还没有形成深层次的合作项目。

（6）没能有效发挥好大学科技园和众创空间对于高校创新创业教育的重要作用，平台建设存在重有轻优的现象。

第四节　渭南师范学院创新创业教育发展对策建议

“十三五”是我国基本实现教育现代化的关键时期，也是高等教育所依存的经济社会大环境加速转型时期。经济转型升级、产业结构调整、近普及化的高等教育变革，必然要求高校的办学思路和人才培养模式作出相应调整。当前，我国高等教育已呈现出如下四个重要特征：一是发展环境从供给驱动向需求驱动转变。以用人单位为主导的需求驱动，对高校应主动对接行业产业需求、优化调整人才培养结构提出了要求。二是发展定位从适应服务向支撑引领转变。以人才驱动为内核的创新驱动，对高校应坚持需求导向、合理定位，自觉地与国家、区域经济社会发展的新要求贴紧靠实，实现深度融合提出了要求。三是发展方式从外延式发展向内涵式发展转变。“以质图强”的内涵发展驱动战略，对高校把发展重点从过去的拼规模、拼数量转向在稳定规模的基础上拼质量、拼内涵，提高优质高等教育资源的供给能力和水平提出了要求。四是发展动力从要素驱动向改革驱动转变。以高等教育近普及化体制机制创新为内核的改革驱动，对高校在深化体制机制改革上做文章，理顺内部关系、争取外部支持，开展创新创业教育，对调动各方面积极性提出了要求。

一、指导思想

《中华人民共和国国民经济和社会发展第十三个五年规划纲要》明确提出“全面推进创新发展、协调发展、绿色发展、开放发展、共享发展”“推动具备条件的普通本科高校向应用型转变。推行产教融合、校企合作的应用型人才和技术技能人才培养模式”。以此为指针，在设计“十三五”发展战略主题重大行动时，需重点厘清在五大发展理念指导下转型发展的几个认识。

一是学校作为办学的主体，需要从发展目标、发展方式到评价机制进行全方位转变。

二是转型的重点是将办学定位转到地方性、应用型上，将人才培养目标转到应用型、复合型人才上，将培养模式转到校企合作、产教融合上，将学科专业结构转到支撑和引领地方产业发展上，将师资队伍转到“双师、双能型”素质上，将课程建设转到“模块化”上。

三是教师作为高校发展的核心要素，是学校向应用型转变的基础。教学观从以教师为中心向以学生为中心转变；教学内容从知识传授为主向能力培养为主转变；教学模式从传统第一课堂向第二课堂、企业课堂、社区课堂、网络课堂和国际课堂全面延伸转变；教学方法从满堂灌讲授向组织研讨、指导启发转变；评价方式从教师教得好不好向学生学得好不好转变；教师素质从理论型向“双师”“双能”型转变。

四是促进学生转变是整个转变的目标，学生既是转变的要素，也是转变的受益者。学生的转变，要在态度上解决学生愿意学的问题，由“要我学”向“我要学”转变；在方法上解决学生想学的问题，由“你教我学”向“我学你教”转变；在内容上解决学生会学的问题，由学知识向学本领转变；在动力上解决学生好学的问题，由为父母、为自己学向为社会、为国家学转变；在手段上解决学生处处可学的问题，由单一的第一课堂学习向处处可学转变；在目的上解决学生学有所成的问题，由单纯的知识学习向不断创新转变。

五是怎么转是高校向应用型转变过程中面临的最大难点，涉及理念、体制、评价等全方位转变。因此，必须用改革的思维、综合改革的模式全面推进。紧紧围绕培养“坚定创新创业的高素质应用型、复合型人才”根本目的，以开放合作为前提，以思想观念改革为先导，以评价机制改革为突破口，以体制改革为关键，以教学改革为内核，以创新创业教育改革为中心，着力构建现代大学制度，用现代化的治理体系保障学校顺利转型。在转变的过程中，要更加注重顶层设计，更加注重持续推进，更加注重分类指导，更加注重示范引领，更加注重转变与提升相结合，更加注重理论研究与实践的有机结合，逐步走出一条全方位、成体系、标准化、有特色的应用型高等教育发展之路。

六是以学校适应社会需求能力是否提升判断转型的成败。转型好不好，要看效果。用以“五个度”为主要内容的审核评估来检验转变的深度和广度。“五个度”即高校办学定位和发展目标与社会需求的符合度，高校人才培养、科学研究、社会服务、文化传承创新对办学定位和发展目标的支撑度，高校人才培养目标、方案、教学运行、质量及质量监控之间的吻合度，高校师资队伍、教学仪器设备、实践教学基地、图书资料等教学资源对人才培养的保障度，学生、社会、用人单位、政府对教学质量的满意度。这种内容的设计，突出了高校办学的开放性、人才培养为社会服务的现实性，突出了高校办学必须紧密结合社会经济发展并与时俱进的时代特征。

简而言之，渭南师范学院“十三五”的发展改革是围绕“以提升人才培养质量为核心，坚持立德育人战略和转型发展战略；以教学改革为内核，以创新创业教育改革为中心，推进体制机制改革为关键，实施‘五个一流’行动计划；以实施教育管办评分离改革试点、改革评价机制为突破口，完善内部质量保障体系，做好审核评估，探索第三方评价结果的激励约束机制，践行其持续改进方案；以着力构建现代大学制度为保障，用现代化的治理体系保障学校顺利转型”这一主线进行规划设计的。

二、设计路线

以党的十八大和十八届三中、四中、五中全会精神，国家引导普通高校转型发展指导意见和陕西省“一流大学、一流学科、一流学院、一流专业”建设意见为指导，以省市战略需求、区域发展需求为导向，以提升人才培养质量为核心，坚持立德育人战略和转型发展战略，走内涵发展道路。创新驱动，开放办学，不断提高教育教学水平，积极开展研究生教育；统筹规划优势学科、特色学科、扶持学科，实现学科链与产业链的有效对接，提升学校核心竞争力；创新特色发展路径，打造产教融合、校企合作平台，促进科学研究平台、团队“两提升”，“出精品”，“成系列”，提升成果转化率，提升社会服务能力；坚持传承、创新传统优秀文化与渭华红色文化，为地方提供人才技术和智库支持，服务和引领区域经济社会发展。调动一切积极因素，群策群力，为建设特色鲜明的地方师范高校而努力奋斗。

三、发展定位

（1）目标定位：凝练教师教育特色，打造应用学科专业发展优势，培养坚定创新创业的高素质应用型、复合型人才。在“十三五”期间，以建设特色鲜明地方师范高校为基本目标，以迈入省属高水平大学行列为先导，为实现建设渭南师范大学、建设特色鲜明的高水平地方师范大学战略目标奠定坚实基础，不断提升学校可持续发展的核心竞争力。

（2）层次定位：以本科教育为主体，积极开展教师教育方向和地方特殊需要专业方向的研究生教育。

（3）类型定位：多科性应用型本科院校。

（4）办学形式定位：以全日制普通高等教育为主，开展中外合作教育，拓展留学生教育，兼顾继续教育。

（5）特色定位：突显教师教育特色与学科应用特色。

（6）服务面向定位：服务基础教育和区域经济社会发展与文化传承创新。

四、工作方针

（1）以人为本。把办学以教师为本、教学以学生为本的理念作为一切工作的出发点。通过深化改革，促进学生全面发展，为教师专业水平提升提供全方位支持，切实解决广大师生切身利益问题，创造条件，加强民主管理。

（2）内涵发展。以改革创新为驱动，以人才培养质量提升为核心，以与国内外先进高校交流与合作为重要路径，提升办学层次，创新与社会深度融合的人才培养模式，重构课程体系，突破内涵发展瓶颈。完善学校治理结构，分权治理，学术本位，形成体系开放、选择多样、合作育人的人才培养格局。

（3）强化特色。巩固传统特色，打造培育新的亮点，落实陕西省“一流学院、一流专业”第一轮建设计划项目。在人文社科、理工、艺术等学科领域，重点建设在同类院校中领先、知名度高、影响大的二级学院 1 个、重点学科 2 个、特色专业 4～6 个、名优学报栏目 2 个。强化学校办学特色，培育学校核心竞争力。

（4）提升质量。把培养一专多能的应用技术型人才、产出标志性成果、提供优质社会服务、创新文化传承作为重点，提升水平，提高影响力。

五、战略目标

到 2020 年，学校办学能力整体提升，办学特色更加鲜明，跻身省属同类高校高水平院校行列。建校百年时，即到 2023 年，建成特色鲜明的地方大学。建国百年时，即到 2049 年，建成具有鲜明特色和优势的综合性应用型高水平地方大学。

（1）办学规模稳定发展，办学结构更加合理。全日制本科生数量达到 18 000 人，研究生和留学生数量有新突破。教师队伍在职称、学历、年龄、学缘结构等方面进一步优化。校区布局更趋合理。

（2）内涵建设取得重大进展，办学综合实力全面提升。人才培养质量全面提高，建成区域和省域应用型、复合型、创新型人才培养名校。学科专业结构更加适应区域经济社会发展需要，建成若干个高质量、有特色的非省会高校一流学科专业群，使 4 个以上学科评估水平和 6 个以上专业认证排名进入省属高校前列。高层次人才队伍与创新团队建设取得新进展。学校自主创新能力明显增强，科研项目总量大幅提升，产出一批成系列的科研精品和标志性成果，科研转化水平显著提高。

（3）对外合作交流力度加大，开放办学特色鲜明。国际交流合作更加活跃，开放办学广度、深度不断加大，能够参与或承担国际教学、科研项目，教育教学更加适应国际化发展需要。

（4）逐步实现转型发展，服务社会能力进一步提升。把解决具体问题作为深化学校改革着力点，坚持协同推进，汇聚发展资源合力，形成全员关心支持学校转型发展的良好生态环境，推动学校健康转型，实现社会服务能力不断提升。

（5）办学条件大幅改善，可持续发展能力显著增强。学校优质资源不断增加，发展空间不断拓展，办学效益明显提高，教师福利待遇进一步改善，社会声誉进一步提升，可持续发展能力进一步增强。

（6）管理体制机制科学高效，形成改革创新的内生动力与发展合力。《渭南师范学院章程》有效实施，依法治校的现代大学治理体制更加健全。以“一章八制”为核心的制度体系更加科学、更加有效。教学改革取得突破性进展，管理绩效和服务效率同步提升，学校自主发展能力不断提高。

渭南师范学院深化教育改革核心指标如表 7.1 所示。

表 7.1　渭南师范学院“十三五”事业发展核心指标（2016～2020 年）

目标内容	序号	主要指标	2015 年	2020 年	备注
办学规模	1	全日制在校生/名	16 613	≈18 000	预期
	2	研究生/名	0	≥100	预期
	3	本科生/名	16 613	≈18 000	预期
	4	交换生和留学生/名	0	≈100	预期
	5	成人教育/名	400	≈600	预期
	6	毕业生初次就业率/%	88.74	≈90	预期
	7	教职工总数/名	1 238	≥1 367	预期
	8	专任教师/名	896	≥1 025	约束
结构优化	9	具有博士学位教师占专任教师比例/%	12.1	≥20	约束
	10	具有半年及以上国（境）外研修经历的教师/人	50	≥200	预期
	11	“双师型”教师占专任教师比例/%	13.2	≥30	约束
	12	专任教师占教职工总数比例/%	72.3	≥80	约束
	13	高级职称教师与专任教师比/%	36.7	≥50	预期
	14	生师比	18.5:1	≈18:1	约束

续表

目标内容	序号	主要指标	2015 年	2020 年	备注
质量提升	15	陕西省优势学科/个	3	≥4	预期
	16	国家级专业综合改革试点项目/项	1	≥2	预期
	17	省级专业综合改革试点项目/项	4	≥8	预期
	18	国家级精品资源共享课程/门	1	≥5	预期
	19	省级精品资源共享课程/门	19	≥25	预期
	20	国家级科研平台（中心）/个	0	≥2	预期
	21	省级科研平台（中心）/个	7	≥15	预期
	22	国家级教学成果奖/项	1	≥2	约束
	23	省级教研教改项目立项/项	7	≥20	预期
	24	省级教学成果奖/项	5	≥15	约束
	25	省级教学名师/名	5	≥10	预期
	26	省级学术创新团队/个	7	≥10	预期
	27	国家级科研项目五年总量/项	15	≥30	预期
	28	国家专利五年总量/个	19	≈30	预期
	29	省部级科研项目五年总量/项	200	≥300	预期
	30	SCI、EI、ISTP 收录论文五年总量/篇	369	≥500	预期
	31	CSSCI 收录论文五年总量/篇	82	≥200	预期
	32	省部级及以上科研奖励五年总量/次	4	≥20	约束
服务社会	33	省级协同创新平台中心/个	0	≥2	预期
	34	省级卓越教师培养计划项目/项	0	≥6	预期
	35	科技园入园企业数目/个	23	≥50	预期
	36	大学生实体创新创业企业数目/个	28	≥100	预期
	37	国家级大学生创新项目/个	38	≥60	预期
	38	省级大学生创新项目/个	73	≥200	预期
	39	省级大学生（校企共建）工程实训基地/个	2	≥4	预期
条件保障	40	年度总收入/亿元	3.2	≥3.8	预期
	41	累计生均仪器设备值/元	5 600	≥6 500	约束
	42	生年均购置图书/册	4.0	≥4	约束
	43	年度科研经费/万元	604	≥800	约束

六、战略主题

1. 实施立德育人战略，提升学生综合素质和创新创业能力

牢固树立人才培养中心地位和德育为先理念，深入推进大学生素质教育和创新创业能力培养。

（1）实施渭华学子素质培养工程。以践行社会主义核心价值观为统领，以传承优秀文化和渭华精神为先导，以人文精神、科学精神、体质体能和职业能力养成教育为重点，精心组织课堂内外分工协作的专业能力训练竞赛、达标考核活动和系列化的校园文化建设活动，使每一位学生都能全面而富有个性地发展，全面提高学生综合素质和社会适应能力。

（2）实施大学生创新创业工程。以培养学生勇于探索的创新精神、善于解决问题的实践能力为主旨，优化创新创业课程内容、教学方式、教学平台和师资队伍，引入圆通制课程，开展对学生的行政、人事、财务、营销、研发等职业能力的模拟训练，并将大学生创业训练体系融入人才培养方案。推动创新创业教育实现“三个拓展”，即从面向一部分学生拓展为面向全体学生，形成创新文化；从创新训练拓展为与专业教育有机结合的创新创业教育，成为教学过程中实实在在的内容；从解决学生的就业拓展为推动更高质量的就业创业。

（3）深入推进青年马克思主义者培养工程。加强马克思主义大众化普及基地建设，打造品牌课程和特色活动，提升传播普及能力，进一步发挥青年人才对优秀学生群体的示范引领和辐射带动作用。

（4）继续推进卓越教师培养工程。精心打造教师教育特色品牌，坚持因材施教、分类培养、协同培养原则，激发学生学习动力和潜能，强化学生学科知识和教育实践能力培养。营造良好育人氛围，集中优质教育资源，并充分利用在线教育课程，支持学生超常规发展，培养一批知识、能力、素质协调发展的复合型教师教育人才，提升学校社会声誉。

2. 实施转型发展战略，提升服务区域经济社会发展水平

针对应用型人才培养存在的“培养与需求、教学与科研、理论与实践、校内资源与社会资源”结合不够紧密的现状，努力推进“教学与科研、理论教学与实践教学、信息技术与教学”的深度融合。

（1）实施人力资源优化计划。加快人才工作机制改革和政策创新，统筹推进各类人才队伍建设。重点抓好高层次人才、“双师双能”型师资、专职辅导员和实践教学教辅人员四支队伍建设。制定鼓励青年教师向应用型师资转型发展的实施办法，确保“双师双能”型教师占专任教师的比例不低于30%。大力落实教育部

新修订的《普通高等学校辅导员队伍建设规定》，制定辅导员引进培养发展计划，建设一支政治强、业务精、纪律严、作风正的高水平辅导员队伍。推进辅导员队伍专业化、职业化，确保专职辅导员占全体专兼职辅导员比例不低于 70%。

（2）实施学科专业和办学层次提升计划。以教育、人文、艺术、工学等学科为突破口，以扶植省级科研平台建设为基础，拓宽与国（境）内外先进高校交流与合作路径，强化一批彰显学校办学优势和特色的基础学科和应用学科，建设若干个相互支撑、相互融合的学科群，形成跨越发展、协调发展、持续发展的学科专业建设格局。

（3）实施重点扶植与政策倾斜，做好中外合作本科生与研究生培养项目。在办好中国语言文学和化学工程与技术等两个联合培养研究生工作站的基础上，强化中外合作培养项目建设，再培育 1～2 个联合培养研究生工作站，培育 1～2 个国（境）外联合培养研究生项目，努力做好申请专业硕士培养项目和申请硕士学位授权单位基础性工作。

（4）实施专业综合改革试点项目计划。实施按专业大类招生、大类培养改革。以适当弱化专业、鼓励专业交叉融合、强化大类培养课程群、加强专业实践能力训练课程、增加创新创业课程建设为基本要求，修订应用型人才培养方案；探索大类培养与专业教育有机融合、专业教育与社会教育、产业教育有机融合的育人机制。以主动融入区域产业转型升级和创新驱动发展为导向，加强统筹规划，推进专业综合改革，在每个二级学院，选择具有一定基础和优势的应用型专业进行综合改革试点立项，集中资源、重点建设、重点突破、尽快形成可复制的成功经验，予以推广。

（5）实施校地校企合作办学计划。成立学校理事会和专业指导委员会，成立服务地方工作委员会及其专门工作机构，构建学校与地方、行业、企业和社区共同参与合作办学、合作治理机制，多渠道建设产教融合校企合作平台，促进政产教学研用融合。

（6）实施“业学双师”协同育人项目。以“十三五”重大教改课题项目凝聚教学团队，统筹学校、社会、企业三方资源，共同研发实习、实训、实践课程教材和实践教学平台，共同开发实施社会课程、企业课程和岗位课程，构建校地、校企合作培养应用型人才新机制。

七、培养应用型创新创业人才

坚持把人才培养作为学校中心工作，面向区域社会发展需要，以提高质量为目标，注重优化结构，大力推进应用转型，着力人才培养模式改革，突出学生创新应用能力培养，形成具有学校特色、与学校发展目标相适应的人才培养格局。

（1）把提高人才培养质量作为发展核心任务。践行教学以学生为本、办学以教师为本的管理理念，坚持“育人为先，教学为要，科研为基”指导原则，打造教师教育学科专业优势，开展应用型人才培养教学研究，促进教学与科研的深度融合，产出一批围绕应用型人才培养的优秀教学成果，促进学生学科专业知识、专业能力和综合素质协调发展，提高应用型人才培养质量。

（2）启动新一轮人才培养模式改革。推行“三位一体”应用型人才培养模式，创新专业教育与社会教育、产业教育融合的育人机制。其内涵主要包括：从人才培养规格上讲，融“科学基础、实践能力、人文素质”为一体；从人才培养内容上讲，融学生的“通识教育、专业教育、技能训练”为一体；从人才培养途径上讲，由现行的融“课堂教学、实验实训、校园文化”为一体，拓展到融“学校教育、社会教育、产业教育”为一体；从课程设置上讲，融“学校课程、社会课程、行业岗位课程”为一体；从师资队伍上讲，由现行的融“新生班主任导师、科研导师和考研导师”为一体，拓展到融“学校‘双师型’教师、社会各界成功者、企事业专才技术能手”为一体；从培养方法上讲，融“学校课堂、企事业课堂、网上课堂”为一体；从评价体系上讲，融“自我评价、政府评价、社会评价”为一体。

依据“三位一体”人才培养模式的内涵，推进实施“学用与研教融合，校站地合作”的“三位一体”师范生培养模式和“产教融合，校政企合作”的“三位一体”非师范生培养模式。人文、理工、艺术大类依此原则，制定分类培养模式，精细化设计专业培养模式。

以人才培养模式创新为导向，促进科研与教学互动，及时把科研成果转化为教学内容，把解决行业企业问题作为课程教学的着力点，促进教学内容与生产流程相衔接。重点实验室、研究基地、校企合作平台向学生开放，支持学生参加校内外教师主导的教学研究、应用科学研究活动，促使学生早进课题、早进实验室、早进团队，为大学生创新创业孵化高水平项目，为大学生参加国内外科技竞赛、专业技能大赛做好知识能力储备。

（3）强化教师教育特色。坚持做优做精教师教育，适当控制师范生办学规模，进一步提高师范生人才培养质量；创新师范生人才培养模式，优化课堂教学内容，改进教学方式，拓展实习基地，搭建实践平台，构建更具特色的课程体系，强化该校师范生人才培养特色；加强师范生现代教育技术技能培养和实践运用能力的提升，根据中小学课程改革、教学方法改革、教学手段改革、学习方式的改变等特点，建立模拟中小学课程教学的实验平台，实现基础教育与高等教育之间的自然衔接；根据教育行业和学校实际需求，确定师范生培养基本质量标准，坚持将科学基础扩容、实践能力提升、人文素质提高作为重点，培养功底扎实、吃苦耐劳、勤奋进取、服务基础教育的应用型、复合型人才；积极与陕西师范大学、西北大学或陕西理工大学、延安大学等院校合作培养教育硕士，争取教育硕士授权点，提升教师教育办学层次。

（4）开展面向区域、面向职场的专业教育。探索面向区域、行业的本科专业类教学质量标准、人才质量标准。实施一教双证教学，学生毕业即获得毕业证书和企事业岗位培训证书或创业培训证书，把学生考取行业从业资格证书作为学校教学单位的重要任务，并纳入考核。着力优化专业结构，充分利用社会资源，改造部分传统专业。适当调整和增加面向区域经济社会、服务新兴产业的专业方向。建立专业交叉融合机制，培养一专多能人才。建立专业设置、预警、淘汰退出机制，推动专业管理创新，增强专业教育对学生需求和市场需求的适应性。

（5）重构课程体系。以社会发展和产业技术进步驱动应用型人才培养课程体系设计和课程内容改革，深化教学实践体系建设，努力建设培养应用型人才的课程系列模块，力争使生均课程数达到省属同类院校领先水平。全面审视课程结构、课程内容和学时比例，加强实验、实训、实习环节，增加专业方向课程、创新创业课程、行业应用课程和企事业岗位课程，使实践教学课程比例不低于 30%。建设更符合社会发展需要、更符合学生发展需要的课程体系。

（6）大力推行学分制。积极推行学分制，积极推行选修课和弹性学制，探索学分管理与合作高校学分互认制度，逐步实现与国内外合作院校学分制接轨和学分互认，更好地适应经济社会发展对人才的多元化需求。

（7）创新课堂教学。制定课堂教学改革方案，以思维训练为核心，以推行讨论式、探究式、行动式、混合式教学和案例教学、任务型教学、项目教学等教学方法为主，推进教学模式转型。积极引入慕课、微课和网络资源，在教师主导下，翻转课堂内外教学内容，开展混合式学习。充分利用社会资源，促进创新创业实践教学平台的共建共享。积极引进行业、企业实践教学方法，把企业技术革新项目作为人才培养重要载体，把行业企业一线需要作为毕业设计选题来源和创新创业教育培训内容。

（8）加强创新创业教育。认真贯彻落实《关于深化高等学校创新创业教育改革的实施意见》，构建协同育人机制，组建优秀师生团队，实施大学生创新创业教育“双百计划”，即每年完成 100 项大学生创新创业计划项目，其中国家级 12 项、省级 40 项，每年立项 100 项大学生实体创业项目，孵化培育大学生实体创新创业企业 20 个。将创新创业教育融入人才培养全过程，将专业教育和创业教育相结合，提升人才对社会经济需要的适应度。

（9）改革考试评价方法。修订学籍管理实施细则，改革毕业资格审定条件和考试考评方法。建立学业考核全程化、评价标准多元化、考核方式多样化的学业考评新体系。注重考核学生运用知识分析问题和解决问题的能力，突出考试评价对学生能力培养的功能。

（10）建设先进教学文化。牢固树立管理是为教学和学生服务的理念，把人才培养放在首位。构建规范管理的制度体系和教学文化环境生态。制定各种有效措施，激励教师热爱教学、崇尚教学、研究教学、革新教学，促进教职员工把“老师是第一身份、上好课是第一要务、关爱学生是第一责任”的价值追求转化为行动实践。定期开展中青年教师教学基本功竞赛和教师实践应用能力与创新设计能力竞赛。

（11）注重现代教育技术与教育教学的深度融合。实施“大学课程+互联网”发展计划和“教师发展+互联网”“学生发展+互联网”专项计划，将现代信息技术全面融入教育教学改革，实现多媒体教室全覆盖，校园无线网络全覆盖。推动信息化教学、虚拟现实技术、数字仿真实验、在线知识支持、在线教学监测等。通过校校合作、校企合作联合开发在线开放课程，实现人才培养方式全面改革。

（12）探索新形势下继续教育发展途径。发挥学校教育和文理基础学科专业优势，发展继续教育，提高办学效益。整合成人继续教育资源，建设继续教育网络课程。积极构建成人教育、职业教育和本科教育、研究生教育、中外（港澳台）合作办学相衔接的学习体系，适应建设学习型社会要求。大力发展面向重点行业领域的岗前职业资格认证培训和职后继续教育培训。

（13）开展校政合作、校企合作协同育人。构建省市共建，校企合作育人机制。积极构建“校政共建”机制，推动地方政府研究制定校企合作、校校合作促进办法，制定出台相应优惠政策，创新合作办学、合作育人、合作就业、合作发展办学模式。按照工学结合、产教融合、知行合一要求，根据区域经济社会生产、服务的真实技术和流程构建知识教育体系、技术技能训练体系和实验实训实习环境。积极引进企业科研项目、生产基地到学校，建立校企一体、产学研一体的实验实训实习中心。统筹各类实践教学资源，积极构建功能集约、资源共享、开放充分、运作高效的专业大类和交叉专业类实验教学平台。鼓励教师和学生参与企业科技创新活动，加速科技成果在企业中推广和应用。

（14）营造学生全面成长的良好氛围。重视学生学习能力培养，支持和奖励勤奋学习学生发展。培养学生服务国家人民的远大志向、坚定的创新创业精神和理论联系实际、善于解决问题的实践能力，促进良好学风的形成。深化思想政治理论课改革，充分发挥课堂教学主渠道作用，加强大学生思想政治教育。创新工作机制，加强面向学生的校情咨询、学业咨询和就业创业指导，加强学生心理健康教育、国防教育和安全教育。不断提高学生事务管理效能与服务水平，最大限度满足学生发展需要。根据学生学习生活的多元化新要求，加大学生活动中心建设力度，按规定标准逐步改善住宿、生活条件，多方筹措资金，加大奖励、资助力度，帮助贫困学生完成学业。

（15）激发基层学术组织办学活力。二级学院（部）、科研机构是学校学科专业课程建设的“心脏地带”和办学主体，维护其学术权力，逐步扩大其办学决策权和资源调动权，并给予有效评价和激励，形成学校目标管理与院（部）自主管理相结合的教学管理新格局。

（16）加强人才培养质量评估工作。逐步完善人才培养内控体系和评估制度，将学习者实践能力、就业质量和创业能力作为评价教育质量的主要标准，将服务行业企业、服务区域社会作为绩效评价的主要内容。

（17）加强教学质量保障体系建设。全面完善基于网络的本科教学基本状态数据平台（库）及评估系统，充分发挥其在学生评教、院系评估、专业评估、审核评估、教学质量报告中的作用。逐步完善本科教学质量、毕业生就业质量年度报告信息公开制度，完善招生、培养、就业联动机制。

八、提高学科创新能力

瞄准学科前沿和区域社会发展需要，分层规划学科建设目标，重点建设一些达到省属院校优势和特色的学科和领域，推进学科协同创新能力提升，促进学科交叉融合，培育新的学科增长点。

（1）统筹规划优势学科、特色学科、扶持学科的协同发展。按照“科学布局、突出优势、重点支持、整体提升”的思路，实施“凝练方向、汇聚队伍、整合资源、广泛合作”的学科建设战略。围绕区域经济和特殊行业发展需要，实现学科链与产业链对接。强化中文、数学优势学科，突破阻碍学科发展的关键问题，使其成长为省属高校一流学科；围绕教育行业和省、市能源、化工、食品、特色农业等优势产业，培育建设物理学、化学、英语、艺术、教育学等教师教育类学科以及化学工程与技术、电气工程等应用型学科，使其成长为省属同类院校中领先水平的知名特色学科；围绕社会发展转型升级，扶植建设社会急需的电子商务、信息安全工程、物联网工程、学前教育（艺术、幼保培养方向）、小学教育（全科培养方向）、社会工作、煤化工、新能源新材料、生物工程、观光农业等新兴交叉学科，使其成为学科建设新的增长点。力争再新增 2～3 个高水平学科进入省级学科创新平台和社科研究基地。

（2）加强学科专业一体化建设。探索学科建设、专业建设、课程建设的内在规律及其联动机制。在团队建设上，实施科研团队与教学团队一体化建设；在内容建设上，上接学科前沿，下接社会需求；在评价体系上，建立基于科教融合、产教融合的评价体系；在经费分配上，优先支持学科专业课程一体化建设平台。以此促进人才培养、科学研究、服务社会的各项政策与学科建设要求相互配套支撑。

（3）增强学科建设与区域经济社会的融合度。以服务地方重大战略与区域经济社会发展需求为目标，围绕行业区域产业链与创新链，调整优化学科专业结构，形成特色专业集群。通过改造传统专业、设立交叉型专业，逐步建立课程改革与社会经济发展对接的新机制。探索学科群建设有效机制，加强跨学科、跨院系的协同，促进学科交叉融合，培育新的学科增长点。

（4）推动学科自主创新和原始创新。建立和完善以学术贡献为主要依据的学科建设资源配置机制，进一步加大对优势学科的投入力度。切实增强学科自我建设能力和科技创新能力，推动学科自主创新和原始创新。

（5）实施创新团队建设工程。以优势、特色和新兴交叉扶持学科为依托，以重大研究项目为纽带，建设高水平创新团队。通过校内选聘、校外聘请、引进等方式，汇聚人才，形成跨学科、跨领域、科研与教学相结合的学科创新团队，提高学科专业在省内外的学术竞争力、影响力和学科排名位次。

（6）优化学科建设发展平台。创新发展思路，准确把握区域经济社会改革发展新趋势，抓住新产业、新业态和新技术发展机遇，优化学科结构，构建学校、地方、行业、企业和社区等共同参与的学科发展新平台，实现学科专业集群对区域支柱产业、优势产业、特色产业的有效覆盖。

（7）加强学科基地建设。加强学科建设绩效评价与动态激励，促进学科基地建设。在省政府主导的高校学科基地资源共建、共享中寻求战略合作伙伴，利用其优质资源与技术力量、科学数据、科技文献、科技成果带动该校学科发展迈上新台阶。

九、提升科学研究水平

面向重大实践需求和科学发展前沿，有组织地进行协同攻关，在保持科研成果数量持续上升的基础上，加强科研平台建设，完善科研支撑条件，创新科研激励机制，培养青年科研团队，积累培育有重要影响的标志性科研成果。

（1）建立科技创新体系。建立适应学校持续发展、适应实践需要的，以学术领军人物、科研创新团队、科学数据资源、科研实验平台等为主要内容的科技创新体系。重点支持应用基础研究和应用开发研究，鼓励教师将科研成果运用在教学及大学生创新创业项目中，培养学生科学思维和创新能力。

（2）加强科研团队建设。培育和引进一批在国内科学研究方面有一定影响的领军人物，围绕领军人物建设若干科研创新团队，并在优化调整原有科研团队的基础上，每个二级学院建设 3 个以上研究方向明确、创新能力强的高水平学术团队。

（3）加强科研平台建设。加大省级研究平台人才和经费投入，培育和争取新的省级科研平台。积极开展对外学术交流活动，每年至少举办 1 次有影响力的国际学术会议或国内高水平学术会议。

（4）繁荣发展地方特色人文社会科学。围绕陕西、渭南区域经济社会，加强人文社会科学繁荣工程建设。有组织、有重点地支持团队化人文社会科学研究，抢占区域经济、区域文化、区域社会发展研究学术制高点。加快中文、英语、历史等基础学科和经济学、管理学、教育学等社会科学发展，提升艺术学服务文化陕西建设能力。加强秦东区域文化、城市文化、农村文化研究。

（5）努力培育重大科研成果。坚持服务区域经济发展目标，实施重大科研项目培育工程。以重大现实问题为主攻方向，适应、融入和引领渭南区域社会发展新产业、新业态和军民融合产业。积极推进自主创新，完善重大科研课题项目管理制度。拟订“合作培育重大科研成果”行动计划，选准方向，筛选课题，开展攻关，努力突破一批关键技术，产出区域经济产业、企业急需的高水平成果。

（6）推进政产学研用合作与发展。构建学校与科研院所、企业相结合的产学研合作平台，多渠道扩大与政府部门和企事业单位的联系与合作，扩大承接横向合作项目的规模，提升应用研究对地方经济建设的贡献度。

（7）完善科研激励机制、评价机制。制定省级科研机构中长期事业发展规划，对其实施效果进行监测评价。加强对国家级、省部级项目和厅级、校级项目的规范化管理。对学科带头人、学术带头人、中青年学术骨干等进行目标量化考核，对科研经费的投入效益进行阶段性考评。

十、加强服务地方能力建设，着力推进成果转化

围绕构建服务地方体系，发挥优势，提高能力，服务地方。

（1）加强服务地方能力建设。以学科结构调整为前提，以学科团队建设为基础，以一批横向课题为依托，以地方基础教育和经济社会发展研究为重心，努力提升服务地方水平。

（2）加快融入区域经济社会发展。积极争取省、市、区（县）地方政府、行业企业支持，通过引入政府和社会资本合作（PPP）投资模式，建设协同创新中心、创新创业基地、大学生创客园区、大学生创新创业实体项目基地等教学科研设施，在完善办学功能的基础上，为社会提供实用专利和发明专利成果转化、教育培训、医疗服务、健康养老、文化推广、观光农业旅游、休闲体育等公共服务。按照“建设-拥有-经营”的准经营模式，与社会投资者共建共享，形成学校与区域经济社会联动发展格局。

（3）健全服务地方工作机构。设立服务地方运行机构，形成社会支持和促进学校发展的长效机制。制定配套政策，整合相关资源，开拓外联渠道，全面提升产学研用一体化水平和服务地方能力，积极融入国家“一带一路”倡议发展圈。

（4）发挥师范教育优势。鼓励教师开展基础教育课程研究、基础教育核心要素与素质教育研究、课堂教学模式研究、教师专业发展研究，打造协同创新新平台。加大基础教育师资培训和课程改革研究力度，继续开展课程专家进中小学、

幼儿园挂职副校长、教导主任活动，进一步探索服务区域城乡基础教育、学前教育发展的有效途径。建设与基础教育关联协作平台，打造秦东教师教育协同创新省级平台。

（5）加强科技服务工作。根据区域产业特点，与地方政府、企业共同设立新兴产业技术研发转化中心，联合承接科技项目，规模化推广科技成果，力争在重大科技成果转化上实现突破。密切教师与地方企事业单位的联系，制定激励措施，鼓励教师带团队和学生进学校、进企业、进社区，开展育人实践和应用研究，拿课题、上项目、出成果。

（6）着力成果转化。加强大学科技园内涵、质量、规模、效益协调发展。搭建人才培养、科研成果转化、创新创业训练与实体项目孵化及科技企业孵化产业辐射平台，建成3～5个校企合作协同创新中心，培养创新创业人才4000人以上，成果转化达10项以上。努力建成以大学生创新创业实体项目培育和圆通制课程培训为主要特色的、功能齐全、优势突出的国家级大学科技园。

（7）加强渭南发展研究中心等平台建设。围绕渭南社会发展需要，建设若干个研究中心，形成多方面智囊团队，参与区域政治、经济、文化、社会、生态文明以及城乡统筹和新型城镇化建设，为地方提供人才技术和智库支持。鼓励师生开展志愿服务，进行科学普及，进行文化传播，为公众科学素质和人文素质提高作出贡献。

（8）办好学校资产经营公司、附属医院。创新经营服务理念和经营机制，提升各类资源利用率、学校无形资产价值、品牌影响力和投融资能力，服务社区民生需求，实现社会效益、经营效益双提升。

十一、传承创新优秀文化

发掘区域文化、校园文化资源，加强人文校园塑造，加强舆论阵地建设，加强文化品牌培育，坚持建设省级“文明校园”，形成文化育人氛围。

（1）实施青年马克思主义者培养工程。以“科学信仰、科学能力、科学品质、科学精神”的理念充实青年马克思主义者培养内容，以“学成”“养成”“促成”三种培养过程健全青年马克思主义者培养模式。践行社会主义核心价值观，遵循文化发展规律，体现历史传承，彰显时代精神，建设底蕴深厚、开放活跃、特色鲜明的大学文化。

（2）传承渭华照金精神。传承渭华先贤英烈“爱国为民、教育引领、务实求真、快乐奋斗”的坚定创新创业精神，培育有影响、有特色的校园文化品牌，形成文化育人氛围。树立“向创幸福的方向前进”理念，坚持践行“经世致用、和而不同”的校训和“天天奋斗、天天快乐”的学校精神，形成优良校风、教风、学风、工作作风。努力营造尊贤容众治学环境，形成尊重学术自由、尊重个性发展、尊重改革创新的学术文化氛围。加强制度体系设计和管理干部培训，努力建设与学校发展目标相契合的制度文化。增设标志性校园景观，完善学校视觉形象识别系统，形成美丽育人环境文化。

（3）传承中国优秀传统文化。准确把握中国优秀传统文化的特点、行为规范、思维方式、价值观念，弘扬优秀传统文化精神，提高学生道德素质和文化素质。进一步加强秦东历史文化研究，发展地方优秀文化，弘扬其育人功能，打造学校特色发展标志性成果，提高学校社会声誉。

（4）推进校史校志研究。重视校史资料搜集整理和保护，做好学校年鉴和大事记整理工作，加强校志编纂工作，发挥其“资政、育人、存史”功能。不断提升校史馆、科学技术馆、刘志丹习仲勋革命纪念馆、中国史记研究展览馆、河洛文化馆等爱国主义教育载体的社会影响力。

（5）培育学校文化产业。坚持公益性与经营性相结合，推动文化产业成为校办企业发展新的增长点。结合渭南地区城市现代服务业发展需求，加强文化产业人才培养，传播学校文化产业研究成果。综合运用法律等手段，加强学校形象标识等无形资产保护。加强对外宣传和文化交流，增强学校文化影响力。

十二、开展国际协同办学

强化国际化意识，拓展范围，丰富渠道，提高层次，深化内容，实现多方位国际交流与合作。

（1）加强与国（境）外高水平大学和学术机构的实质性合作。搭建国际交流与合作平台，努力实现学校与国际合作院校教学资源、师资队伍共享。办好莫斯科艺术学院等中外合作办学机构与项目，打造学校对外合作交流新窗口和省属知名乃至一流二级学院、学科、专业示范区。实施与国际名校合作办学计划，增加教育、人文、理工学科与国际知名高校合作办学机构和项目，着力推进省属一流学科、一流专业建设。

（2）积极开展国际化交流。鼓励科研机构举办（承办）高层次国际学术会议，支持学术骨干出国（境）进修或参加学术会议。增强学科参与国际学术竞争与合作能力。

（3）加强国际协同创新。组织团队积极参与或承揽科研合作项目，争取港澳台和国际组织及科研机构的项目经费。鼓励各学科与国（境）外知名教育科研机构合作，优势学科至少有 2 个、特色学科至少有 1 个长期稳定的国（境）外合作伙伴，并逐步建立教学和科研合作项目。

（4）建立双学位国际合作育人模式。遴选优秀学生到国（境）外高校深造，攻读双学位或高一级学位。未来五年力争选派 500 名学生到国（境）外交流，选派 200 名干部、教师赴国（境）外短期研修访学，建立常态化合作制度，提供更多可供学生学习深造途径，提供更多可供管理队伍、教师队伍跨文化交流机会。引进国（境）外优质教育资源，开创高水平人才联合培养新模式，提高国际化课程和教材比例，至少形成 1 个以一级学科为基础与国际接轨的英、俄等外文学位课程体系。

（5）引进国（境）外应用型高校高层次人才和团队。按照政府人才政策，积极争取聘用国（境）外应用技术型优秀师资，担任相关专业专任授课教师。进一步提高外籍教师数量并做好选聘、管理、考核等工作。

（6）扩大交换生、留学生规模。优化环境，改善条件，多方开拓交换生、留学生生源，扩大办学规模。发挥学校学科专业优势，增强学校对交换生、留学生的吸引力。优化交换生、留学生教育专业结构，打造一批精品课程，提高交换生、留学生教育质量和层次。

（7）培养通晓国际教育规则的学术骨干。探索引进国际教育教学评估与专业认证，培养通晓国际教育规则的专业人才，并率先在莫斯科艺术学院等中外合作办学机构（项目）内遴选相关学部的学科专业开展试点，积累经验后，在其他学部予以推广。

十三、完善学校治理结构

贯彻《中共陕西省委、陕西省人民政府关于全面深化高等教育综合改革的意见》，落实大学章程，坚持改革创新，突破体制障碍，优化机制效能，激发学校内部创新活力。

（1）坚持依法治校，完善治理结构，建设现代大学制度。贯彻实施《渭南师范学院章程》，完善党委领导下的校长负责制和“三重一大”事项决策制度，依法落实党委领导职责和校长管理职权。

（2）完善制度体系，使学校的决策权、行政权、学术权、监督权及师生权益等得到充分保障，各显其能。切实落实教职工代表大会制度、学术委员会制度、教师申诉制度、学生申诉制度、财经委员会制度、信息公开制度。推进理事会制度建设与实施，提高民主决策和民主管理水平。

探索教授治学的有效途径，在二级学院（部）试点实施教授委员会制度，充分发挥教授群体在教学、学术研究中的专业权力。

（3）优化教学工作激励机制。建立教学荣誉制度，实施教学专项奖励。制定《渭南师范学院教学荣誉评选奖励制度》，设置优质教学奖、教学名师奖、优秀课程奖、优秀教材奖、优秀教学大纲奖、优秀教学方法奖、优秀教学论文奖等系列教学荣誉评选奖励制度，使教学工作成为教师荣誉的体现，从而成为他们的自觉追求。

加强教师发展中心建设，提升教学团队质量。遴选首席教师，组建教学团队，实施《骨干教师教学激励计划实施方案》，推出“团队牵引、首席负责、全程激励、制度保障”等举措，构建以主管校长、二级学院院长、教学名师、首席教师等为中心的教学改革团队和跨学科、跨校的教学团队，着力发挥团队优势，提高学生专业教学质量和创新能力。

改革教学考核办法和激励制度，切实做到“三挂钩”“三优先”。把教学考核结果与学院主要领导班子考核、教师个人绩效工资以及专业技术职务晋升直接挂钩。制定激励制度，对乐于教学、善于教学、精于教学的优秀教师在专业技术职务晋升、各类项目申报、国内外访留学等方面给予政策上的优先。对连续两年教学不合格教师，则要求其转岗或低聘、调离。

（4）优化学术发展机制。建立高效通畅的学术管理机制，强化学校对学术事务的统筹，以制度保障学术委员会权力运行。建立健全以创新和质量为导向，科学、公正、客观、多样化的学术评价体系和评估机制。

探索适应学校发展的科研管理机制，制定科研激励政策，改革科研管理机制，创新经费管理办法，明确科研促进责任，完善科研评价模式，充分激发教师从事科研工作的积极性，解放和发展学术生产力。

（5）深化内部管理体制改革。根据陕西省事业单位改革有关政策，按照责权利相一致原则，赋予二级学院更大办学自主权。制定学校、二级学院权力清单，推进管理重心下移。制定措施，支持二级学院、科研机构学术创新和管理创新，大力推进以学科专业课程建设改革为核心的“院办校”改革工作，逐步实现学校行政权力与二级学院、科研机构学术权力各司其职，驱动二级学院办学活力。全面实行全员聘用和岗位管理制度，健全收入分配激励机制，完善岗位津贴制发放办法，充分调动广大教职工工作积极性。

深化机关机构改革，创新管理机制，改进工作作风，提高服务效能。实行任期目标管理和监督问责，开展干部任期内工作绩效审计和离任经济责任审计并举的内部审计工作，加强干部聘期考评与激励。

十四、探索开展管办评分离改革

把握规律，富有创造，体现时代，评建结合，以评促管，以评促建。

（1）开展管办评分离第三方评估单项改革试点工作。成立以校长为组长的管办评分离改革试点工作领导小组，做好顶层设计，分类推进，积累经验，引导学校办学方向现代化，促进学校发展健康可持续。

（2）发挥评估导向作用。委托第三方评估机构，制定第三方专项评估任务及时间表，依据国家教育基本标准和有关行业标准，定期开展专业建设、课程建设、教学与科研、人才培养质量、师资队伍建设、管理制度、校园文化、条件保障等监测评估，充分发挥评估导向与激励作用。

（3）努力构建政府、学校、社会三者之间良性互动机制。在原有校政共建协议的基础上，以转型发展为动力、以管办评分离为指导，进一步理顺政府、学校、社会关系，细化省、市政府、学校三方共建责任。支持行业、企业全方位全过程参与学校管理、专业建设、课程设置、人才培养和绩效评价。积极争取地方、行业、企业的经费、项目和资源在学校集聚，合作推动学校转型发展。

（4）加强内部自评机构建设，打造学校自评体系。逐步实现教育教学和各项管理工作的全方位、全过程监控自评，形成自评、监督、反馈、调整、改进的高效运行机制。确定常态化自评监测评价点，强化内部评价结果运用和激励作用，探索评价结果与人事考核、绩效考评、资源配置挂钩等激励机制。

发挥政府、社会组织等外部评估结果的激励和约束作用。建立政府、社会外部评价倒逼学校改革机制。

（5）设立“十三五”教学评估重点课题。重点研究教育部“五位一体”评估体系——“自我评估、院校评估、专业认证与评估、教学状态常态监测、国际评估”。培养研究团队，形成能指导改革实践的研究成果。开展管理队伍和教师队伍专题培训，提升队伍素质和自评能力。

（6）加强本科教学基本状态数据库及评估系统建设。开展教育基础信息数据库和教育管理公共服务等平台建设，为专业机构和社会公众开展评估监测提供全面、真实的数据支撑。细化教育教学、科研、管理等质量监控标准，完善学生就业质量报告制度。开展用人单位对该校毕业生的社会满意度常态化调查工作，为评估提供真实准确的大学生就业质量报告。

（7）开展制度体系设计。对党建、教学、科研、学生、人事、资产、财务、审计、后勤保障、稳定安全、对外合作等方面的管理制度进行全面梳理，开展废、改、立、释工作，形成规范、统一的制度体系和目标任务考核评价体系。

十五、建设高素质教师队伍

实施“人才强校战略”，坚持引进、培养和使用相结合，以优化人才队伍结构和提升人才队伍水平为目标，以高层次人才和创新团队建设为重点，为各类人员发展提供有力支持，创设吸引英才、促进创新、有利于优秀人才脱颖而出的制度环境。

（1）提高教师队伍整体素质。坚持人才资源优先开发、人才结构优先调整、人才投资优先保证、人才制度优先创新，造就一批师德高尚、治学严谨、学术造诣深厚、在国内外有一定影响的学术带头人，培养一批学术思想活跃、富有创新精神、具有发展潜力的中坚骨干力量，建设一支素质优良、结构合理、勇于创新的高素质教师队伍。

继续实施特聘教授、渭华学者人才工程。注重发现和培养优秀教师，大力培育省级、校级教学名师。继续关心青年教师专业化发展，实施青年教师“3 个 100 培养计划”，每年选派 100 名教师赴国（境）内外高校培训；每年选派 100 名教师深入企事业单位开展专业调研实践及合作育人工作；实施 100 名教师攻读教育博士计划和教师教育学博士课程学习计划。完善奖助措施，支持青年教师攻读博士学位，加快青年教师博士化进程。

（2）优化教师队伍结构。实施人才储备建设工程，培养、引进高层次人才。调整教师结构，改变目前各专业教师严重不均衡状况，制定措施，激励引导部分青年教师调整专业方向，成为交叉型专业创新型师资。改革教师聘任制度和评价办法，加大优秀中青年学术带头人培养力度和后备高层次人才队伍梯队建设。

（3）加强“双师双能型”教师队伍建设。面向校内外选聘高层次拔尖创新人才，积极引进行业公认专才，聘请企业优秀专业技术人才、管理人才和高技能人才作为专业建设带头人、兼职教师。制定政策鼓励教师在职考取行业从业资格证书，有计划地选送教师到企事业、中小学、幼儿园等单位接受培训、挂职工作和实践锻炼。鼓励承担基础理论教学的青年教师积极转型为应用型师资，力争培养、引进“双师型”教师 300 名以上。通过教学评价、绩效考核、职务（职称）评聘、薪酬激励、校企交流等制度改革，增强广大教师提高实践能力的主动性、积极性。

（4）加强研究生导师队伍建设。以申硕和建设中国语言文学、化学工程与技术专业联合培养研究生工作站为契机，努力建设一支数量适宜、结构合理、素质过硬、责任心强的研究生导师队伍。在校企合作基础上，构建产学研联合培养研究生机制，加强校外导师队伍管理和服务。

（5）加强师德师风建设。注重为人师表、爱岗敬业的职业道德教育，增强教师教书育人的责任感和使命感。将师德列为教师培养培训的重要环节，把师德表现作为绩效考核、职务聘任和进修深造的首要依据，实施师德表现一票否决制。采取综合措施，建立长效机制，严查侵犯知识产权和违反学术道德等不端行为，引导广大教师树立严谨、创新、诚信的学术风气。

（6）加大人才工作投入力度。积极争取国家、省、市政策支持，建立人才队伍建设经费正常增长的长效机制。加大对获得省部级以上科研项目和教学成果的人才奖励力度，重点加大在人才住房补贴、科研资助等方面的经费投入。重视对创新创业教育导师的有效激励与考核，加大“双创”导师补贴和表彰奖励。

参 考 文 献

北京中科创大创业教育投资管理有限公司，中国与全球化智库(CCG)联合课题组. 2016. 中国高校创新创业教育发展蓝皮书(2016)[M]. 北京: 机械工业出版社.

彼得·德鲁克. 1985. 创新与企业家精神[M]. 蔡文燕，译. 北京: 机械工业出版社.

曹阳. 2010. 大学技术转移机制问题研究——基于教师(发明者)的视角[D]. 重庆: 重庆大学博士学位论文.

曹杨. 2014. 转变经济发展方式背景下高校创新创业教育问题研究——以吉林省为例[D]. 长春: 东北师范大学硕士学位论文.

程宝华. 2015. 应用型本科院校大学生创新创业教育研究——以衢州学院为例[J]. 济南: 山东师范大学.

杜永红，梁林蒙，杨彩霞，等. 2016. 大学生创新创业教育——基于互联网+视角[M]. 北京: 清华大学出版社.

方雅贤，李振坤，谢风媛. 2015. 基于营销学视角的中美高校创业教育比较研究[J]. 科技创业(创业研究), 9: 20-27.

郭伟. 2014. 高校创新创业教育发展的初步研究[J]. 佳木斯教育学院学报, 4: 146-148.

韩增芳，马堃. 2011. 大学生创新创业教育现状调查分析[J]. 出国与就业(就业版), 7: 50-51.

胡桃. 2013. 国外创新创业教育模式对我国高校的启示[J]. 中国大学研究, 2: 90-94.

黄玉碹. 2011. 哈尔滨工程大学科技园发展战略研究[D]. 哈尔滨: 哈尔滨工程大学硕士学位论文.

黄兆信，王志强. 2013. 论高校创业教育与专业教育的融合[J]. 教育研究, 12: 59-67.

焦烈，王尧. 2015. 我国高校创新创业教育实践教学体系的构建[J]. 辽宁教育行政学院学报, (2): 45-46.

雷朝滋. 2017. 关于推进高校大学生创新创业工作的思考[J]. 中国高等教育, 13: 57-60.

李北群. 2017. 产教融合试验区的创新与实践[J]. 中国高等教育, 8: 25-26.

李永山，陆克斌，卞振平. 2016. 大学生创新创业教育发展与保障研究[M]. 北京: 中国建材工业出版社.

刘宏宇. 2016. 众创理念下大学科技园在创新体系中的定位思考[J]. 现代管理科学, 7: 42-44.

刘焕阳，韩延伦. 2012. 地方本科高校应用型人才培养定位及其体系建设[J]. 教育研究, 12: 67-70.

刘珊珊. 2017. 应天学院向应用型本科转型过程中的教师“KPI”考核研究[D]. 南京: 南京理工大学硕士学位论文.

刘永，李汉邦，周健. 2012. 高校科技创新链中的关键角色及其动力分析[J]. 科学管理研究, 30(2): 13-16.

刘长宏，李晓辉，李刚，等. 2014. 大学生创新创业训练计划项目的实践与探索[J]. 实验室研究与探索, 5: 163-166.

罗妮，顾启蒙，陈亦全，等. 2015. 大学生在移动教育行业创新创业调查研究[J]. 商, 7: 31-32.

毛大庆. 2016. 中国众创空间行业发展蓝皮书(2016)[M]. 杭州: 浙江人民出版社.

牛长松. 2009. 英国高校创新创业研究[M]. 上海: 学林出版社.

牛长松. 2009. 英国高校创业教育研究[M]. 上海: 学林出版社.

乔明哲，陈忠卫. 2009. 英国大学创业教育的特点及其启示[J]. 外国教育研究, (6): 92-96.

全国教育科学规划领导小组办公室. 2013. “创业教育与提高高校人才教养质量的相关研究”成果报告[J]. 大学(学术版), 2: 79-85.

王璐，孟凡静，李雯. 2013. 创新创业型人才培养质量评价体系的构建[J]. 技术与创新管理, 9: 487-490.

王万山，汤明. 2012. 国内外高校创新创业教育模式比较研究[J]. 九江学院学报, 2: 115-122.

王占仁. 2015. 高校创新创业教育观念变革的整体构想[J]. 中国高教研究, 7: 75-78.

王占仁. 2016. 中国高校创新创业教育的学科化特性与发展取向研究[J]. 教育研究, 3: 56-63.

王占仁. 2017. 中国高校创新创业教育的基本原则论析[J]. 高校教育管理, 3: 1-5.

吴婷. 2014. 应用型本科院校创业型人才培养路径的研究[D]. 哈尔滨: 哈尔滨理工大学硕士学位论文.

邢赛鹏. 2015. 民办本科高校应用型教师绩效评价指标体系研究[J]. 教师教育论坛, 5: 63-67.

杨伟伟. 2016. 高校“广谱式”创新创业教育研究[D]. 上海: 华东理工大学硕士学位论文.

阴国富. 2013. 计算机网络工程专业创新型人才培养模式的研究与探索[J]. 渭南师范学院学报, 4: 69-71.

阴国富，赵维，花妮娜. 2016. 大学科技园助推大学创新创业教育模式研究[J]. 渭南师范学院学报, 10: 15-20.

于澎田. 2012. 大学科技园集成创新能力培育路径与发展机制研究[D]. 哈尔滨: 哈尔滨理工大学博士学位论文.

约瑟夫•熊彼特. 1990. 经济发展理论[M]. 何畏，等，译. 北京: 商务印书馆.

张鸽. 2012. 高校创新创业教育及课程研究——以陕西省高校为例[D]. 西安: 西安电子科技大学硕士学位论文.

张玲. 2017. 基于学生主体性的高校创新创业教育研究[D]. 南京: 南京理工大学硕士学位论文.

张涛. 2007. 创业教育[M]. 北京: 机械工业出版社.

赵国靖. 2016. 中美高校创业教育课程设置比较研究[D]. 温州: 温州大学硕士学位论文.

朱飞，秦永和. 2015. 大学科技园助推高校创业教育的内在机理及其路径[J]. 南通大学学报(社会科学版), 5: 132-136.

Bechard J P, Gregoire D. 2002. Entrepreneurship Education Revisitied: The Case and Higher Education [G]. 0840-0853.

Holt D H. 1992. Entrepreneurship: New Venture Creation[M]. New Jersey: Prentice-Hall.

Kuratko D F. 2005. The Emergence of Entrepreneurship Education: Development, Trends, and Challenges[J]. Entrepreneurship Theory & Practice, 29(5): 577-598.

Solomon G T, Duffy S, Tarabishy A. 2002. The state of entrepreneurship education in the United States: A nationwide survey and analysis[J]. International Journal of Entrepreneurship Education, 3: 189-196.

附　录

附录 1　西部地区某学院大学生创新创业基地管理办法

×××学院大学生创新创业基地管理办法

×××学院大学生创新创业基地（以下简称“双创”基地）是以大学生为主体的各类创业人员搭建的创业平台，是大学生创新创业培育基地，为规范“双创”基地管理，促进大学生创业实践活动，优化创业环境，提高服务质量，确保基地健康、有序发展，特制定本办法。

第一章　管理及职责

第一条　“双创”基地的管理

“双创”基地由学校铁成（创新）学院负责组织管理。

第二条　“双创”基地的职责

1．研究制定“双创”基地的发展规划，为入驻项目提供综合管理服务，协助入驻项目落实各项创业扶持政策，加强宣传引导，营造创业氛围；

2．制定“双创”基地创业培训计划，为入驻项目或有创业意向的大学生提供创业培训、创业指导、创业政策咨询和信息服务与指导；

3．为入驻项目提供经营办公、商务洽谈等场所；

4．为符合条件的入驻项目提供小额担保贷款服务，协助入驻项目做好工商注册、税务登记等工作；

5．建立“×××学院大学生创新创业基地”网站，为入驻项目提供项目开发与推介、企业对接等信息服务；

6．负责初审申请入驻项目的商业计划书或可行性报告，组织申请入驻项目评估论证工作；

7．跟踪并反馈入驻项目的经营活动，对入驻对象进行“进一管一出”的综合管理和考察评估；

8．协助和督促物业管理单位，做好后勤、安保、卫生等管理工作；

9．负责“双创”基地的对外宣传和工作交流；

10．完成上级主管部门交办的其他工作。

第二章　项目入驻及管理

入驻项目必须能自主经营，独立核算，自负盈亏，能独立承担入驻期间发生的经营风险和因企业运营而产生的经济、民事等法律责任。

第三条　项目入驻条件

毕业5年内的高校本、专科毕业生或在校大学生，初创的企业或创业项目符合以下条件的可申请入驻。

一、项目（团队）申请进入基地的基本条件：

1. 项目具有良好发展前景；

2. 属于技术含量高、节能减排、环境保护、工程设计、美术设计、动漫创意、影视制作、文化传播、教育培训等科技型、创新型的；

3. 具有较好潜在经济效益和社会效益的商贸物流、现代服务业或以电子信息技术为手段经营的；

4. 团队负责人及其成员必须是学校全日制本、专科学生；

5. 团队（项目）应聘请与开展创新创业项目所涵盖学科专业相关的校内在职人员为指导老师。

二、创新团队应符合国家、陕西省、学校相关规定，具有较高技术含量、较强创新性和较强的竞争力，且无知识产权纠纷。

三、创业团队应符合国家、陕西省、学校相关规定，具备明确可行的市场目标和经营计划以及一定的项目启动资金和承担风险的能力。

四、创新创业团队应具有较完善的团队管理制度，入驻基地后能够保证正常开展工作。

五、诚实守信，遵纪守法，无违法违纪和不良行为记录。

六、自觉遵守创新创业基地相关管理规定。

第四条　项目入驻申报程序

一、由团队负责人提交进入基地申请书和工作计划书（主要内容包括目的意义、申请理由、运作模式、管理体系、基本要求、承诺保证等），并按要求向“双创”基地提交以下材料：

1. 属于毕业5年内高校毕业生或在校带创业项目入驻的，需提供身份证、毕业证（学位证）和创业规划书等材料；

2. 属于毕业5年内高校毕业生初创企业的，还需提供企业工商营业执照、税务登记证明等相关材料的原件和复印件；

3. 属于高校在校大学生带创业项目入驻的，需提供身份证、学生证和创业规划书等材料。

二、“双创”基地在接到申报材料后，先进行初审，属于创业项目的，要经专家进行评审。属于初创企业入驻的，“双创”基地工作人员要进行实地考察。评审考察情况报就业创业指导与校企合作处研究，获准入驻的与基地签订《×××学院大学生“双创”基地入驻协议》后，组织团队成员学习创新创业基地的管理规章制度。

三、入驻团队需向“双创”基地管理办公室缴纳基地财物押金领取房间钥匙，方能入驻。

第五条　基地日常管理

1．入驻项目应在协议指定区域内经营项目，不得私自占用公共区域；

2．入驻项目的装修方案需经批准，方可施工；

3．入驻项目的“门面”设计要规范化和个性化相结合，美观大方；

4．入驻项目不得擅自对园区既定的格局和装修等进行改造；

5．入驻项目在园内举行大型活动，需提前三天到“双创”基地报批。

第六条　基地经营管理

1．遵守国家的有关法律、法规，合法经营；

2．遵守“双创”基地的各项规章制度和与“双创”基地签订的协议；

3．各项目在“双创”基地的统一管理与指导下，实行自主经营，独立核算；

4．及时准确地向“双创”基地报送不涉及经营机密的报表和数据，支持“双创”基地完成相关的统计工作；

5．“双创”基地针对项目经营过程中出现的困难和问题，邀请专家学者或企业家对其进行指导。

第七条　安全管理

1．各入驻项目必须严格遵守“双创”基地作息时间，不得擅自让管理人员打开大门；

2．各入驻项目必须做到离开“双创”基地时，锁门关窗，关闭电源；

3．“双创”基地内严禁任何人员留宿；

4．由于入驻项目管理不善，发生安全事故，损失由入驻项目承担；后果严重的，依法追究相关法律责任；

5．各入驻项目成员无论发现任何安全隐患，有义务立即向保卫处或者“双创”基地报告；

6．各入驻项目不得在“双创”基地区内通过任何形式发布有害国家安全、有损国家形象的言语；

7．各入驻项目不得将场地转租。

第八条　卫生管理

1．各入驻项目有义务维护公共区域内的环境卫生；

2．各入驻项目应保证自己区域内干净整洁。

第九条　入驻项目应遵守的有关规定

1．严格执行本管理办法及与“双创”基地签订的《×××学院大学生“双创”基地进驻协议书》；

2．遵守“双创”基地的其他有关管理规定；

3．如实填报不涉及商业机密的报表和统计数据；

4．严格遵守学校和“双创”基地的其他有关规定。

第三章　入驻项目的考核与评估

第十条　入驻项目的考核

项目入驻后，基地对入驻项目进行日常考核、月度考核、年度评估考核。

第十一条　评估考核程序

1．日常考核程序

“双创”基地不定期、不定时对入驻项目进行检查、抽查。

2．月度考核程序

每月底，“双创”基地对入驻项目进行月度考核。

3．年度评估考核程序

（1）“双创”基地书面通知入驻项目；

（2）入驻项目根据评估考核要求准备材料；

（3）“双创”基地组织有关人员对评估考核材料进行审核、对入驻项目进行实地考察；

（4）根据评估考核指标体系进行打分；

（5）评估考核结果以书面形式反馈给入驻项目，并通报各入驻项目。

第十二条　评估考核内容与形式

1．日常考核和月度考核

按照日常管理、创业工作场地布置、安全情况、运营材料上报、运营情况监测、支持配合工作等 6 个方面进行。评估考核采取量化打分形式，评估考核小组按《大学生创业”双创”基地入驻项目日常考核细则》进行打分，总分值为 100 分。

2．年度评估考核

年度评估考核从定量和定性两方面进行，对入驻项目的经营状况、经营管理能力、入驻项目情况、发展潜力等 4 个方面进行评估。评估考核小组按《大学生“双创”基地入驻项目评估考核标准》进行打分和定性，总分值为 100 分。

第十三条　评估考核结果

学期评估考核、年度评估考核结果分优秀、合格与不合格三种，考核得分在 85～100 分（含 85 分）为优秀，70～84 分（含 70 分）为合格，70 分以下为不合格。

入驻项目存在下列情况之一的，视为考核不合格：

（1）入驻项目进驻基地后，未按要求在基地内开展工作，项目开展处于停顿状态，致使团队用房经常处于空闲或关闭状态者；

（2）未能按时向“双创”基地上报相关材料，或所报材料内容不真实，通过整改无效者；

（3）入驻项目出现重大安全事故者；

（4）主要负责人违犯法律或校纪校规受到留校察看以上处分者；

（5）超出业务规定范围，从事与申报经营内容无关的商业活动；

（6）不按规定时间交纳应缴费用者；

（7）擅自更换团队负责人者；

（8）因安全问题，受到二次以上警告者；

（9）因卫生问题，受到三次以上警告者。

第四章　入驻项目的退出

第十四条　孵化期满退出

“双创”基地为一直开展创业活动的团队、负责人毕业 6 年内在“双创”基地进行孵化，孵化期期满后，办理相关手续，自动退出。

第十五条　自动申请退出

因入驻项目内部问题，项目负责人向“双创”基地提出退出申请，经“双创”基地审核，终止协议，办理相关手续，方可退出。

第十六条　勒令退出

对严重违反“双创”基地管理规章制度的项目，“双创”基地可提出终止孵化，办理相关手续，勒令退出。

第十七条　退出程序及手续

因以上各项条款退出的入驻项目，需到“双创”基地领取《×××学院大学生“双创”基地退出审批表》，经相关部门审批后，持“双创”基地开具的《×××学院大学生“双创”基地退出通知书》15 日内退出“双创”基地。逾期不退出者，“双创”基地将从逾期之日起按标准收取场地租赁费、管理费或处以相应罚金。

第五章　附　　则

第十八条　本办法未尽事宜，严格遵照国家有关规定和学校管理规定执行

第十九条　本办法自发布之日起执行，由“双创”基地负责解释

附录 2　“双创”基地项目评审打分表

“双创”基地项目评审打分表

项目名称		
指标项目	指标解析	评分
创新性 （30 分）	1．是否有“新见解”； 2．是否优于“同类项目之处”； 3．是否具有“填补该领域空白的可能”	
可行性 （30 分）	1．研究内容的丰富与完整情况； 2．完成该项目的“研究方法、方案”是否合理可行； 3．“研究方法、方案”中所需“技术路线与技术指标”具有实际落实的可能	
研究能力 （20 分）	1．说明申请者应具有的理论基础知识和实践技能基础； 2．展示申请者及指导老师已具有的“经验”，或者是已完成的实际“作品”	
条件与保障 （20 分）	1．说明接受申请者完成此任务的实践场所所具备的“条件”； 2．经费预算清晰明了，花销切合实际； 3．实施步骤科学合理	
评委签字		总分

附录 3　高校众创空间孵化基地评价指标

高校众创空间孵化基地评价指标体系

一级指标	二级指标	三级指标	权重
基础设施	硬件设备	1.1 众创空间办公场地面积	3
		1.2 公共服务面积（供在孵企业共享的区域，如路演场地、公共公会议室等）占总面积的比例	1
		1.3 自有投资基金额度（众创空间设立基金额度）/用于支持学生的自有扶持资金额度	2
		1.4 是否有大企业的资金、场地、流量、品牌等支持/实验室资源及开放情况	2
		1.5 信息化水平：官方网站、微信公众号、企业内部信息化平台建设情况	2
	软环境	1.6 专业服务人员数量占全职工作人员比例	3
		1.7 本科以上服务人员比例/教授参与项目辅导人数	2
		1.8 服务人员具有孵化、投资、创业、企业背景的比例	1
		1.9 众创空间生活配套服务情况	2

续表

一级指标	二级指标	三级指标	权重
服务能力	资源聚集	2.1 创业导师为在孵企业提供服务次数	2
		2.2 众创空间签约的中介服务机构数量	3
		2.3 合作的投资机构数量/额度	4
		2.4 众创空间为高校学生培育学生团队数量	3
	拓展服务	2.5 众创空间年度举办活动的场次	3
		2.6 为企业提供注册、法务、财务、人力资源、投资对接等服务情况	5
		2.7 针对入孵企业/创业团队是否有完善的考核指标体系	2
综合绩效	孵化效率	3.1 孵化企业/创业团队的总数量（包括在孵、已毕业及拟入驻企业）	4
		3.2 已毕业企业/创业团队与总孵化企业比例	4
		3.3 众创空间入住率	2
	入驻企业融资情况	3.4 获得银行贷款、小额贷款、基金支持等间接融资企业数量及额度	1
		3.5 获得风险投资的企业数量	4
		3.6 获得风险投资的总金额	4
	盈利能力	3.7 众创空间服务收入占总收入的比例	5
		3.8 众创空间获得区级以上财政补贴占总收入的比例	2
	获奖情况	3.9 众创空间获得省级及以上荣誉数量	3
		3.10 帮助入孵企业/创业团队获得市级及以上政府支持项目/荣誉数量	4
		3.11 参加中央省市创新创业大赛、“互联网+”大赛参赛企业数及获奖情况	4
社会贡献	吸纳就业	4.1 在孵企业、创业团队解决就业人员总数	4
		4.2 大学生创办企业、创业团队数量	5
	成功企业	4.3 在孵或已毕业企业存活超过 1 年的个数、在孵创业团队注册企业数	4
		4.4 在孵或已毕业企业营收达到 1000 万元及以上的企业个数	4
加分项	专业化	众创空间在某一个具体产业领域的初创企业/创业团队成绩突出	5
	国际化	众创空间开展国际合作、孵化国际项目、帮助企业成功开拓国际市场等方面情况	2
	连锁品牌化	在外省市建设连锁店的数量或辐射周边高校、院所、企业的能力	2
	品牌影响力	进入第三方评价机构的排行榜单	2
		获得市级及以上荣誉奖项	3
		主流媒体报道	2
	促进科技成果转移转化	在孵企业获得专利、商标等知识产权的数量	4

附录 4　应用型院校创新创业教育学生参与度、满意度、受益度问卷调查

为深化应用型院校教育改革，推动大学生创新创业教育，我们组织设计了此套问卷，请您结合自己所在学校的实际情况和切身感受如实填写。非常感谢您的配合！

1. 您所在学校？

____

2. 您所学专业？

____

3. 您的性别？

○男　　○女

4. 您的籍贯？

____

5. 您的年级？

○大一　　○大二　　○大三　　○大四

6. 你的学校都组织哪些创新创业教育？
（可填多项）

____

7. 您是否经常参与学校的创新创业实践类活动？

○经常　　○偶尔　　○从不

8. 您所选择的创新创业教育课程主要有哪些？
（可填多项）

____

9. 您对学校开设的创新创业教育课程的数量和种类是否满意？

○非常满意　　○满意　　○一般　　○不满意

10. 您认为学校开设的创新创业教育课程教学内容是否有用？

○非常有用　　○有用　　○一般　　○没有用

11. 您对创新创业教育开设课程的授课方式是否满意？

○非常满意　　○满意　　○一般　　○不满意

12. 您认为您的授课教师是否具有较强的创新意识？

○非常强　　○强　　○一般　　○没有

13．您对学校创新创业实践平台和孵化基地管理服务是否满意？

〇非常满意　〇满意　〇一般　〇不满意

14．您认为自己在参与创新创业教育活动收获大吗？

〇收获很大　〇收获大　〇一般　〇没有收获

15．您是否参与大学生创新创业训练计划项目？

〇参与　〇没有

16．您对大学生创新创业训练计划项目开展形式是否满意？

〇非常满意　〇满意　〇一般　〇不满意

17．您认为学校重视创新创业教育吗？

〇非常重视　〇一般　〇不重视

18．您对学校营造的创新创业氛围是否满意？

〇非常满意　〇满意　〇一般　〇不满意

19．您是否有较为明显的创业想法？

〇非常明显　〇有　〇没有

20．您身边热衷创新创业活动的朋友多吗？

〇非常多　〇有一些　〇没有

附录 5　高校师生创新创业知识产权调查问卷

一、有关创业团队/企业基本情况

1．团队/企业成立几年了（　　）

A．1 年以内

B．1～2 年

C．3～5 年

D．5 年以上

2．您现在企业所属行业（　　）

A．农、林、牧、渔业

B．信息传输、计算机服务和软件业

C．生物医药、环保新能源、新材料

D．教育、文化创意业

E．零售、餐饮及其他服务业

F．制造业

G．其他行业

3．您经营办公场所在什么地方（　　）

A．自有住宅

B．写字楼

C．创业孵化器

D．众创空间

E．大学科技园

F．大学宿舍

G．校园办公楼

H．其他

4．您的受教育水平（　　）

A．专科

B．本科

C．硕士

D．博士

5．您创业启动资金规模（　　）

A．5 万以下

B．5 万～10 万

C．10 万～50 万

D．50 万～100 万

E．100 万以上

6．启动资金主要来源（　　）

A．个人积累

B．银行贷款

C．政府政策贷款

D．天使或风险投资

E．家庭出资

F．其他来源

二、关于知识产权相关知识及运用

1．您知道知识产权吗（　　）

A．知道　　　　B．不知道

2．您认为知识产权的定义是什么（　　）

A．智力成果权

B．无形财产权基于创造性智力成果和工商业标记依法产生的权利的统称

C．以上

3．您的学校如何进行过有关知识产权保护的教育（　　）

A．报告　　　　B．宣传册

C．法律讲座　　D．收看视频资料

4．您团队所入驻的办公场所对知识产权有没有提供相应服务（　　）

A．有　　　　B．没有

5．您是否遇到过知识产权侵权问题（　　）

A．有　　　　B．没有

6．假设您团队的知识产权受到了侵犯，您首先会（　　）

A．求助于工商行政管理部门、专利局、知识产权局等部门

B．寻求司法保护（法院）

C．自己私下调解

D．不采取任何行动

E．不知道该怎么办

7．您认为对于大学生创业主体来说，知识产权维权存在的最大问题是（　　）

A．自身意识弱

B．法律不完善

C．执行力度弱

D．维权成本高

E．维权周期长

F．其他

8．您认为加强知识产权保护力度的最有效途径是（　　）

A．加强教育宣传力度、修改现有知识产权法律，更加有效地支持维权

B．加强行政保护力度

C．加强司法保护力度

D．加强政策保护力度

9．您对我国对知识产权保护现状的看法（　　）

A．压根没用，侵权现象严重

B．有些力度，但是成果不够

C．很大力度，卓有成效

D．不清楚

10．您希望通过哪些途径获取知识产权知识相关信息（　　）

A．宣传片

B．宣传小册子/海报

C．讲座/报告会

D．相关网站

E．其他